Vera Griebert-Schröder
Franziska Muri

Mein Begleiter durch die Jahreszeiten

Das Inspirationsbuch für die zwölf Monate und die Rauhnächte

Mit Bildern von Christina v. Puttkamer

IRISIANA

INHALT

Wie schön ist es doch, begleitet zu werden! Auf einen Spaziergang, durch einen Tag, durch eine Krise, durch eine bestimmte Zeit wie zum Beispiel die Rauhnächte. Zu unserem Buch »Meine allerschönsten Rauhnächte« haben wir so viele positive und dankbare Feedbacks bekommen, dass wir uns entschlossen haben, ein verwandtes Buch als Begleiter durch das ganze Jahr zu schreiben. Du hast es nun vor dir liegen.

Begleitet werden, selbst begleiten – das ist eine besonders schöne Form des Füreinander-da-Seins. Es lässt dem Begleiteten seine Eigenständigkeit, seine Kreativität und seine Art, den Weg zu gehen, und schenkt ihm einfach ein wenig Fürsorge und Aufmerksamkeit dazu, etwas, woran er sich orientieren kann. Die allerbeste Orientierungsgröße, das ist und bleibt die Natur, die uns mit ihren Jahreszeiten eine fortwährende Konstante zur Verfügung stellt. Etwas Unveränderliches auch in Zeiten des Wandels. Dieses Buch möchte dich diesem natürlichen kraftvollen Rhythmus des Lebens wieder näherbringen und dich dabei unterstützen, ganz in den Fluss des Lebens einzutauchen – voller Vertrauen in das große Ganze und deine eigene innere Stärke.

ZWÖLF MONATE, ZWÖLF CHANCEN

Herzlich willkommen in diesem Begleiter durch das Jahr. Er beschenkt dich Monat für Monat mit Impulsen, die kommende Zeit für die Entfaltung deiner Potenziale und die Weiterentwicklung deiner Seelentiefe zu nutzen. Er verbindet dich neu mit den Kräften der Natur und damit auch mit der Natur in deinem Inneren. Er ist wie ein Anker, der dich jeden Monat neu an das erinnert, was in dir schlummert und gesehen werden möchte. Dies geschieht, weil du hier einerseits auf die Qualitäten der jeweils herrschenden Jahreszeit eingestimmt wirst, die auch dein Sein beeinflussen. Und andererseits, weil dir vielfältige Reflexionen Monat für Monat helfen, dir über die Stimmungen und Tendenzen in deinem Inneren und in deinem Leben klarer zu werden und sie konstruktiv zu beeinflussen. Das macht es dir leichter, an inneren Themen oder äußeren Vorhaben dranzubleiben – das Buch bietet dir eine Art roten Faden, an dem entlang du dich und deine Projekte weiterentwickeln kannst. Es bringt dich vor allem immer wieder ganz zu dir selbst – zur eigentlichen Kraftquelle deines Lebens.

Stimmigkeit – das schönste Wohlgefühl

Ob du dieses Buch im März beginnst, wenn das natürliche Jahr anfängt und zugleich auch dieses Buch; ob du im Juni einsteigst, im Oktober oder im Januar zum Auftakt des Kalenderjahres – das spielt keine Rolle. Dieses Buch möchte dich durch die kommenden zwölf Monate begleiten, welche auch immer das für dich sind. Das Jahr in seinen Rhythmen ist ein Rund, keine Linie – es wiederholt sich zyklisch immer neu. Deswegen gibt es keinen Anfang und kein Ende und du selbst kannst den Anfang deines Jahres mit diesem Buch bestimmen.

Sich auf dieses Zyklische zu besinnen, ist schon etwas, das dich dem Geheimnis der äußeren und deiner inneren Natur näherbringt. Es ist das Gefühl der Stimmigkeit, die entsteht, wenn alles am richtigen Platz ist, alles in einer klaren, höheren Ordnung. Dieses Gefühl der Stimmigkeit fehlt uns heute oft. Dieses: »Ja, es ist richtig und gut, was ich erlebe. Auch wenn ich vielleicht nicht alles verstehe, es folgt einem gesunden Fluss und einem Sinn.« Ein solches Gefühl gibt sehr viel Kraft. Es lässt uns mit Freude unseren Alltag gestalten und auch Schwieriges durchstehen. Das Auf und Ab des Lebensweges ist kein so großes Problem mehr für uns, weil wir wissen, dass Lebenswege nun einmal nicht schnurgerade und stetig in der Sonne verlaufen. Wo aber finden wir eine solche Stimmigkeit? In den immer gleichen Abläufen in der Natur, die auch unserer menschlichen Natur entspricht.

Ein ewiger Rhythmus, der trägt

Das Jahr folgt einem Rhythmus, der sich stets wiederholt. Es ist ein Zyklus von vier Phasen, den Jahreszeiten, auf die wir uns verlassen können. Auch wenn sie ein wenig schwanken, immer ist es im Frühling heller als im Winter und erst im Herbst nimmt das Dunkel wieder spürbar zu. Und auch die Temperaturen verraten uns die Jahreszeit, der Stand der Sonne, die Vegetation. Wir erleben heute eine Menge großer Umwälzungen auf der Erde, die auch das Klima betreffen. Wir können nicht wissen, was uns da alles noch erwartet. Doch die Jahreszeiten sind in unseren Breiten eine Konstante. Sie sind etwas, das uns auch in bewegten Zeiten Halt und Orientierung geben kann. Sie folgen in ihrem Lauf einem ganz natürlichen Fluss der Energien, der auch uns eingeschrieben ist und der uns viel Stärke gibt, wenn wir ihm wieder bewusster folgen. Und so wollen wir uns zwölf Monate lang auf die Spur dieses Zyklus und seiner tieferen Geheimnisse begeben und dabei unsere eigenen Energien ausbalancieren.

Manches, was du in diesem Buch finden wirst, kennst du sicherlich schon. Wir berufen uns auf uraltes Wissen, das uns allen heute – zum Glück – zugänglich ist. Und wir bringen viele neue spielerische Ideen und Rituale ein, bewusst durch das Jahr zu gehen und sich mit ihm zu wandeln. Sie können dich immer wieder für die Dinge aufwecken, die dir wichtig, ja vielleicht sogar heilig sind. Für die Dinge, die dir am Herzen liegen, die dir Kraft geben, Zuversicht und Freude.

Dieses Buch ist damit die Einladung, dich neu mit dir selbst, den eigenen Potenzialen und zugleich auch mit der Natur zu verbinden. Eine solche Verbundenheit macht wach und präsent, klar und zuversichtlich. Sie bringt dich stärker in Resonanz mit deiner Mitwelt und deinen Mitmenschen, du kommst ins Fließen, in den Austausch, in Lebenslust und Kreativität, in ein kraftvolles Gestalten. Mehr und mehr fühlst du dich auf liebevolle Weise eingebunden ins wahre, echte Leben.

Ein ganz besonderes Tagebuch

Zu einem solchen Weg wollen wir dich in den kommenden zwölf Monaten einladen: über Reflexionen und kleine geführte Meditationen, über altes Wissen und neue Impulse. Dieses Buch enthält dabei viel Raum für deine eigenen Notizen, sodass es zu deinem ganz persönlichen Tagebuch – oder besser: Monatsbuch – werden kann, in dem du übers Jahr hinweg immer wieder nachlesen und dich inspirieren lassen kannst. Der Jahreslauf mit seinem uralten Rhythmus schenkt dir den Rahmen für deine Reise zu dir selbst und zum größeren Ganzen.

Alles Liebe und ein wundervolles Jahr!

Vera & Franziska

DIE KRAFT DES JAHRESLAUFS

Die Jahreszeiten sind uns von Kindesbeinen an vertraut, zumindest wenn wir hier in diesen Breiten aufgewachsen sind. Dann wissen wir, wie es sich nach einem langen Winter anfühlt, wenn die Sonne endlich wieder unsere Haut wärmt und die Vögel zwitschern. Dann wissen wir, wie wohltuend es sein kann, wenn nach einem heißen Sommer etwas mehr Kühle und vor allem auch mehr Dunkelheit einzieht, die es uns »erlaubt«, einfach mal einen Sonntag lang gemütlich auf dem Sofa zu bleiben. So selbstverständlich, wie uns der Lauf der Jahreszeiten ist, so tief ist er auch in unsere Körper und unsere Psyche eingeschrieben: der Wechsel von Aktivität und Ruhe, von Hell und Dunkel, von Handeln und Reflektieren.

Wie das Wetter auch sein mag, die Jahreszeiten zeigen sich anhand des Sonnenstandes recht eindeutig, und aus diesen astronomischen Gegebenheiten folgen viele Qualitäten, die den Jahreszeiten jeweils eigen sind. Das Spannende ist: Sie lassen sich auch auf unser Leben übertragen – auf die Rhythmen unseres Alltags, unserer Beziehungen, unserer Projekte. Genau das wollen wir über die kommenden zwölf Monate etwas tiefer erforschen, denn dabei lassen sich verlässliche Kraftquellen für das eigene Leben erschließen.

Frühling: die Zeit des zunehmenden Lichts.
Qualitäten: **Neubeginn, Impuls, Überblick, Planung**

Sommer: die Zeit des abnehmenden Lichts.
Qualitäten: **Aktivität, Umsetzung, Begegnung, Vertrauen**

Herbst: die Zeit der zunehmenden Dunkelheit.
Qualitäten: **Ernte, Dank, Innenschau, Reflexion**

Winter: die Zeit der abnehmenden Dunkelheit.
Qualitäten: **Stille, Regeneration, Schlaf, Weisheit**

Raus aus dem Einerlei!

In unserer heutigen Zeit leben wir sehr viel weniger als frühere Generationen nach den Rhythmen der Natur. In den Städten, der Lebensrealität der Mehrheit, fallen die Jahreszeiten nicht so sehr auf wie in ländlichen Gegenden. Der Arbeitsalltag ist für die meisten das ganze Jahr über der gleiche. Elektrisches Licht, immer längere Ladenöffnungszeiten, das Internet – viele unserer zivilisatorischen Errungenschaften machen es möglich, dass jederzeit alles geht. Das bietet uns eine enorme Flexibilität und Vielfalt – auf der anderen Seite aber auch eine gewisse Orientierungslosigkeit und erstaunlicherweise ein Einerlei: Es ist einfach immer alles gleich.

Dass uns unsere sich rasant wandelnde Lebensweise stresst und mittelfristig erschöpft, ist längst bekannt und bewiesen. Doch es gibt kein Zurück – Entwicklung geht immer nach vorn weiter. Was uns helfen kann, ist, das Neue mit dem Alten zu verbinden, oder anders gesagt: das Beste vom Alten nicht in Vergessenheit geraten zu lassen, sondern weiter aktiv zu nutzen. Was auf jeden Fall dazugehört, ist das Wissen um die natürlichen Rhythmen, die weiter bestehen und genau dem entsprechen, was auch in unsere Körper und Seelen einprogrammiert ist. Wir sind Kinder dieser Erde und wir gedeihen, wenn wir uns an ihre Gesetze halten. Wenn wir die Kreisläufe von Beginn (Frühling), Aktivität (Sommer), Rückschau/Ernte (Herbst) und Ruhe (Winter) vor dem nächsten Neustart (Frühling) einhalten.

Zu versuchen, immer nur aktiv zu sein, zu schaffen, zu produzieren, zu konsumieren – das ist eine anstrengende Sackgasse. Nur herumzuliegen und abzuwarten, ebenso. Genauso funktioniert es nicht, alles Mögliche zu beginnen und nichts weiterzuentwickeln oder immer nur nachzufühlen oder gar dauernd ernten zu wollen. Erst alles zusammen macht einen Zyklus komplett – ob es sich um ein Jahr, ein Projekt, eine Beziehung oder ein ganzes Menschenleben handelt. Die folgenden Kapitel bieten dir daher einen Spaziergang durch das ganze, komplette, in sich runde Jahr und seine zwölf Monate.

WAS DICH IN DIESEM BUCH ERWARTET

160 Seiten voller Anregungen und Ideen, Reflexionsangebote und wundervoller Bilder – das ist dieses Buch. Du findest hier die unterschiedlichsten Möglichkeiten, dein Jahr freudvoller, bewusster, klarer oder zielführender zu gestalten, aus denen du dir frei wählen kannst, was zu dir passt oder dich anspricht. So kannst du dich mit diesen Angeboten einfach durch die Monate treiben lassen – und mit der Zeit merkst du dann vielleicht, was dir wirklich wichtig ist in deiner aktuellen Lebensphase und womit du dich stärker befassen willst. Oder du nutzt das Buch und die kommenden zwölf Monate gezielt für ein Thema oder ein Vorhaben und betrachtest all die hier versammelten Möglichkeiten und Reflexionen in Bezug darauf. In jedem Fall wirst du dich, wird sich dein Leben auf kraftvolle Weise weiterbewegen, indem du den Jahreskreis mit größerer Bewusstheit für die Qualitäten der vier Jahreszeiten durchwanderst.

Die vier Jahreszeiten

Was erwartet dich nun genau? Zunächst: Das Buch ist nach den vier Jahreszeiten aufgeteilt und beginnt wie das natürliche Jahr mit dem Frühling. Letztlich aber gibt es keinen wirklichen Anfang im Jahr, da es ein zyklisches Fließen ist. Daher kannst du ja auch in diesem Buch jederzeit einsteigen. Frühling, Sommer, Herbst, Winter werden in ihren Grundqualitäten vorgestellt, es gibt jeweils ein Meditationsbild, Reflexionen und ein Ritual.

Monat für Monat

Jede der Jahreszeiten hat drei Monate, die in den vier Hauptkapiteln einzeln Raum bekommen. Dort kannst du wieder mit einem Meditationsbild in die Energie des Monats eintauchen, zu bestimmten Fragen reflektieren und deine Notizen festhalten.

Special: Rauhnächte

Als Sonderzeit im Jahr, herausgehoben aus dem Gewöhnlichen, bekommen auch die Rauhnächte hier Raum – allerdings nur kurz, da wir dieser Zeit »zwischen den Jahren« bereits mehrere vollständige Bücher gewidmet haben. Mit ihrem außergewöhnlichen Zauber und der Durchlässigkeit hin zu den mystischen Welten machen diese zwölf Nächte das Jahr erst so richtig rund.

Blumenfreundinnen

Besonders schön ist es natürlich, wenn wir direkt von Wesen aus der Natur begleitet werden. Im Schamanischen sind das zum Beispiel oftmals Krafttiere, wie wir sie auch in »Meine allerschönsten Rauhnächte« in Form eines Orakels vorgestellt haben. Hier nun haben wir uns für Blumen entschieden, die wir den einzelnen Monaten zugeordnet haben. Du findest sie also als Begleiterinnen des Monats zwölfmal im Buch – mit wunderschönen Bildern und ein paar Worten zu ihrem Wesen und ihren Qualitäten. So kannst du ganz leicht ihre Kräfte in dein Leben holen.

Zwischenweltenwissen

Unter dieser beinahe schon magischen Überschrift werden wir dir jeden Monat etwas aus dem unermesslichen Schatz an altem Weisheitswissen erzählen. Es sind Themen – teilweise verbunden mit praktischen Anregungen oder Fantasiereisen –, die dich in der jeweiligen Jahreszeit stärken und dein Bewusstsein für die Zeitqualität erweitern können. Wir haben Dinge ausgewählt, die uns sinnvoll und wichtig scheinen – auch im Hinblick auf die Zeit, in der wir als Menschheit heute stehen, die sehr viele Unsicherheiten birgt und auch viel Innovatives und Verbindendes hervorbringt. Vielleicht kann dich dieses Zwischenweltenwissen dabei unterstützen, für dein eigenes Leben neue Perspektiven zu gewinnen, und dir Ausblicke auf unsere Aufgabe als Menschengemeinschaft bieten, der sich heute immer mehr Menschen bewusst werden.

Meditationsbilder, Rituale und jede Menge Platz für dich

Dieses Buch kann dir auf vielen Ebenen dienen. Wenn du einfach ab und zu darin herumblätterst, kann es dir bereits Impulse geben. Wenn du einmal im Monat damit aktiv wirst, wird es noch stärker in dir zu wirken beginnen. Und wenn du dich Monat für Monat damit auseinandersetzt, kann es noch mehr wandeln und dich in Richtung Freude und Sinnhaftigkeit begleiten. Nutze von all den Angeboten, was immer du willst. Ein Monat ist lang, eine Jahreszeit noch länger – du bestimmst die Zeit, du legst fest, ob und wann du die Rituale und Reflexionen umsetzen möchtest. Wir haben sie so einfach gestaltet, dass du daraus unkompliziert eine Alltagspraxis entwickeln kannst. Mach es dir leicht! Arbeit und Herausforderungen haben wir alle genug. Lass dich von der Schönheit der Bilder bezaubern, tauche ein in die Angebote – und beobachte freundlich, wer du bist und wohin es dein Herz zieht. Lass deine Zeit mit diesem Buch eine Genusszeit mit dir selbst sein.

Mach es zu deinem persönlichen Buch

Wir Autorinnen und Christina, unsere Bild-Künstlerin, hatten auch beim Erarbeiten dieses Buches sehr viel Freude. Wir hoffen, dass du ebenso viel Genuss dabei hast, es zu lesen, anzuschauen und zu deinem eigenen Buch zu machen. Wieder macht es erst unser aller Teamwork zu dem, was es sein will. Unsere Arbeit war der erste Schritt. Jetzt kommt das Wesentliche: Du nutzt dieses Buch für dich. Bitte trau dich wirklich, in dieses Buch hineinzuschreiben. Wir wissen, dass viele Menschen Hemmungen haben, sich in Büchern Notizen zu machen. Hier aber geht es gerade darum, die eigene Handschrift einzubringen – im wahrsten Sinne des Wortes. Dieses Buch will mit deinen Worten und Ideen, Wünschen und Gedanken zum Leben erweckt werden. Du bist Mitgestalterin, Mitgestalter. Du bist der Mensch, der sich hier auf seine individuelle Weise ausdrücken darf. Genau dafür wurde dieses Buch geschrieben.

Schreib in dieses Buch hinein –
dafür ist es da. Deine
Handschrift auf den Seiten
macht es individuell lebendig
und ganz persönlich kraftvoll.

EINE FANTASIEREISE

Zur Einstimmung findest du hier eine Fantasiereise, in deren Bilderwelt du dich genüsslich fallen lassen kannst. Mach es dir bequem und lies sie dir so langsam durch, dass die beschriebenen Bilder in dir lebendig werden. Träume, gestalte, belebe deine Innenwelten! Natürlich kannst du diese Fantasiereise wiederholen, wann immer du möchtest. Die Jahreszeiten werden dir dabei immer vertrauter werden.

»In der Mitte bist du heil«

Setz dich entspannt hin und atme ein paar Mal tief und ruhig durch. Während du so sitzt, nimmst du plötzlich auf der einen Seite, gleich neben dir, etwas Leichtes, Zartes wahr. Du spürst genauer hin, schärfst deine inneren Augen: Da sitzt eine Wesenheit neben dir, fein und leicht, wie ein Blütenhauch. Um sie herum summen Bienen und die wärmenden Strahlen der Sonne lassen sie schimmernd schön und hell erscheinen. Wie doch ihr feines Haar glitzert, und es scheint dir, als wäre sie umringt von Blütenkelchen, lichtgrünen Gräsern und dem unvergleichlichen Duft des Frühlings. Jung und verspielt bewegt sich dieses Wesen und ehe du dich versiehst, zaubert es aus einer Blüte, du kannst gar nicht genau erkennen, wie es geschieht, einen kleinen Gegenstand hervor. Ist es ein Samen? Ein Stein? Du kannst es nicht genau erkennen. Es hält das kleine Geheimnis in den geschlossenen Händen, während ihr weiter zusammensitzt. Du freust dich über die Begegnung. Die zarte blütengleiche Wesenheit schaut dir in die Augen und es kommt dir so vor, als würdet ihr euch schon ewig kennen. Du genießt diesen Augenblick und den Duft der Blüten, den der warme, sanfte Wind zu dir trägt.

Wie lange du so sitzt und dich dem zarten Frühlingszauber hingibst, weißt du nicht so genau, aber plötzlich springt das lichte Geschöpf neben dir auf, denn direkt vor dir erscheint eine Frau in einem weiten bunten Kleid. Ehe du dich versiehst, hat das Frühlingswesen dieser Frau das kleine Geheimnis in die Hand gedrückt, winkt dir noch einmal mit einem schalkhaften Lächeln zu und … ist verschwunden.

Genau vor dir steht nun die Sommerfrau in ihrem mit bunten Blumen bedruckten Kleid, das leise raschelt, während sie vor dir Platz nimmt. Sie reicht dir die Hand und es ist dir, als würde sie dich mit dieser Geste einladen, noch mehr bei dir anzukommen.

So machst du es dir noch bequemer und lässt dich regelrecht hineinsinken in die Erde. Du fühlst dich geborgen in der Nähe dieser mütterlichen Frau und riechst die satte, feste Erde unter dir. Auf einmal offenbart dir die Frau das Geheimnis: Sie öffnet ihre Hände und legt einen Kristall vor dich auf die Erde. Schön geschliffen ist er, und nun scheint es dir, als ob er die Kraft der Erde in sich aufnimmt. Die Sommerfrau hält ihre Hände schützend in ein wenig Abstand um ihn, damit er noch besser die Erdenergie tanken und sich auf seine eigene, geheimnisvolle Weise weiterentwickeln kann.

Während ihr mit diesem Stein so dasitzt, schaut dir die Frau in aller Ruhe in die Augen und auch du nimmst nun die tragende Kraft der Erde tief in dich auf. Du hast das Gefühl, dass sich viel in dir und um dich her bewegt und tut und entwickelt – und doch ist es wie ein Ruhen in wohltuender Gesellschaft. Du fühlst dich vertrauensvoll geschützt und sicher in der Obhut dieser sanften und sonnigen Wesenheit.

Es scheint, als hättest du kurz die Augen geschlossen, denn nun bist du überrascht, als ein feiner Hauch von Kühle deine Haut benetzt, wie ein sanfter Sprühnebel. Neben dir steht eine andere, etwas ältere Frau und gleich hinter ihr kannst du einen Wasserfall ausmachen. Fast scheint ihr fließendes Gewand mit ihm zu verschmelzen. Du bekommst gerade noch mit, wie die Sommerfrau den Kristall behutsam von der Erde aufhebt und an die Wasserfrau weiterreicht. Dann ist sie verschwunden. Mit einer eleganten, fließenden Bewegung dreht sich die Ältere um und setzt den Kristall mitten hinein in den Wasserfall. Wie selbstverständlich sitzt du dann neben ihr in der frischen Luft des Herbstes. Ruhig nimmst du hin und wieder ein paar Wassertropfen auf deiner Haut wahr, die zu dir hinübergeweht werden. Zufrieden und dankbar sitzt ihr da. Ihr lauscht dem Rauschen des Wassers, wissend, dass es alles mit sich nimmt, was nicht mehr gebraucht wird. Und so reinigt es auch den Kristall von allem Überlebten.

Unendlich und doch endlich erscheint dir die Zeit, wie das Fließen des Wassers, das weder Anfang noch Ende kennt. Das herbstliche Wasserwesen nimmt den Kristall nun aus dem Wasserfall und reicht ihn behutsam an eine uralte, weise schmunzelnde Großmutter weiter, die wie aus dem Nichts hinter dir steht. Es wundert dich kaum noch, denn es kommt dir schon so vertraut vor, dass hilfreiche Wesenheiten um dich sind. Du vertraust dich der steinalten Frau an und bist glücklich darüber, wie schön es ist, getragen und gehalten zu sein. Nichts und niemand kann dich aus deiner Gelassenheit herausholen. In dir ruhend sitzt du da und lässt dich ein bisschen von ihrer

Energie tragen, denn du weißt jetzt auch, dass die alte Großmutter die Wesenheit des Winters ist. Die leise, weise Frau hält den Kristall in ihren Händen, als würde sie beten. Auch du wirst ganz still, es ist, als würde sich alles um euch her zum Schlafen vorbereiten. Das sanfte Mondlicht bescheint euch und der Kristall beginnt zu leuchten und ganz sanft zu pulsieren. Es gibt nichts zu tun, es gibt nur das Sein im absichtslosen Miteinander.

Mit einem Mal nimmst du dich in der Mitte eines Kreises von heilsamen Wesenheiten wahr. Um dich herum sitzen nun alle vier Frauen mit der gesammelten Lebenskraft der vier Jahreszeiten. Sicher und gelassen ruhst du in der Mitte dieses uralten Kreises. Behutsam reicht dir die weise Alte den Kristall und in deinen Händen beginnt er, in allen Farben des Regenbogens zu leuchten. Sein Licht berührt dein Herz und du weißt, dass die Kraft der Jahreszeiten auch in dir ist. Diese Kraft ist untrennbar mit dir und deinem Leben verbunden. Alle vier wandern sie Jahr um Jahr mit dir. Sie inspirieren dich, nähren dich, geben dir Halt und lassen dich nach und nach das Kostbarste entwickeln: Lebensweisheit und Lebensliebe. Wieder und wieder beschenken sie dich mit ihrer Kraft, die sie für dich heute in dem funkelnden Kristall sichtbar gemacht haben. Mit diesem Geschenk hast du die tiefe Gewissheit in dir, dass sich stetig alles wieder und weiter verändern wird und du dennoch behütet und getragen bist. Vergangenheit, Gegenwart und Zukunft sind um dich wie Frühling, Sommer, Herbst und Winter, die dich immer begleiten. Du spürst die Kraft, die Lebendigkeit in dir und fühlst dich beschenkt mit der Liebe des Lebens selbst.

FRÜHLING

DIE ZEIT DES AUFBRUCHS

Jede Jahreszeit hat ihre ganz eigene Energie. Sie alle fordern uns zu etwas anderem auf – und sie alle schenken uns genau die Energie, die dafür benötigt wird. Wenn wir mit dem gehen, was sie uns anbieten, erfüllen wir das Ganze, statt nur einen Teil des großen Runds zu leben. Außen und Innen, Agieren und Reflektieren, Handeln und Ruhen – alle Gegensätze kommen dann leichter in ein Gleichgewicht.

Der Frühling ist die Zeit des Aufbruchs, des Neuen, das in die Welt drängt. Er ruft uns dazu auf, nach der Winterruhe aktiv zu werden, uns einen Überblick zu verschaffen und loszulegen. Er zieht uns nach draußen an die frische Luft, in die neu erwachende Natur, in die Aktion. Dabei umweht uns der Zauber eines jeden Anfangs. Noch ist alles frisch und klein, die ersten zarten Impulse zeigen sich und wir können die Weichen noch sehr leicht stellen. Wo soll es hingehen? Was soll wachsen? Wohin geben wir unsere Energie?

Im Frühling sind wir angeregt, solche Fragen zu klären. Je deutlicher wir uns selbst darauf antworten können, umso mehr Kraft können wir dann durchs Jahr hindurch entfalten. Die Samen für das, was wachsen will, haben wir bereits gesetzt – mit all dem, was wir in der Vergangenheit gelebt, in uns entwickelt und uns angewöhnt haben. Mit der Frühlingsenergie können wir nun neu entscheiden, welche dieser schon gesetzten Samen wir gießen und welche Pflänzchen wir pflegen wollen. Die gleichen wie im letzten Jahr, weil sie sich bewährt haben? Ein paar ganz neue, weil wir plötzlich merken, dass sie viel besser zu uns passen? Den einen, von dem wir schon so lange träumen? Wie auch immer wir uns entscheiden, jetzt steht uns die Kraft zur Verfügung, das Leben aktiv zu gestalten. Die folgenden Seiten wollen dir dabei helfen, für dich herauszufinden, wie das in deinem Leben und in diesem Jahr für dich aussehen könnte.

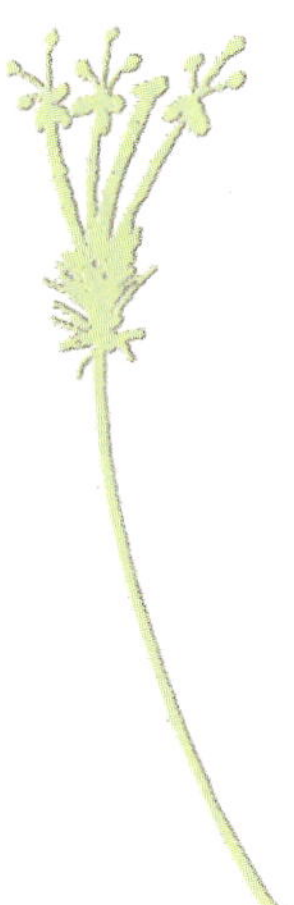

IMPULSE AUS DEM MEDITATIONSBILD

Das Bild auf den zwei Seiten zuvor unterstützt dich dabei, ganz in die Energie des Frühlings einzutauchen und mit seiner Grundschwingung zu meditieren. Hier auf dieser Seite kannst du festhalten, was dabei in dir an Erkenntnissen oder Ideen aufsteigt. Nutze das Bild, wann immer du im Laufe des Frühlings den Impuls dazu verspürst. Und auch später im Jahr, wenn dir ein wenig Frühlings- und Neuanfangsstimmung guttun könnte.

....

....

....

....

....

....

....

....

....

....

DEIN FRÜHLINGSRITUAL

In diesen drei Monaten des Neubeginns und des frischen Wachsens unterstützt dich dieses Ritual dabei, etwas in die Welt zu bringen, was dir am Herzen liegt. Es ist wie eine Fantasiereise, für die du beim ersten Mal etwas mehr Zeit benötigst, um einen inneren Raum, einen inneren Garten zu kreieren und dort einen Samen in die Erde zu setzen. Wenn du ihn dann wieder besuchst, kann das in Ruhe und ausführlich geschehen oder du sagst nur mal kurz ein herzliches Hallo.

Gestalte dir eine schöne Atmosphäre an einem Ort, wo du ungestört bist. Zünde eine Kerze an, wenn du magst, und leg dir ein paar Dinge zurecht, die dich an das erinnern, was dir im Leben gerade wichtig ist – Bilder vielleicht oder ein Stein, eine Muschel. Außerdem ein Tagebuch oder einen Notizblock, um deine Erfahrungen aufschreiben zu können.

Mach es dir bequem, schließ die Augen und stell dir vor, dass du einen Weg entlang gehst, der zu einem wunderschönen Garten führt. Es ist dein innerer Garten. Siehst du ein Tor hinein in diesen Garten? Geh hindurch und schau ihn dir in Ruhe an. Wie groß ist er und welche Begrenzungen hat er? Ist er klein und überschaubar, sodass du dich entspannt zu Hause fühlen kannst? Oder ist er weit und voller Freiheit? Wirkt er auf dich geordnet oder herrlich wild? Gefällt er dir rundum oder hast du das Gefühl, noch einiges umgestalten zu wollen? Gibt es Bäume? Welche Pflanzen entdeckst du? Und hast du auch einen schönen Platz, an dem du sitzen kannst? In diesem inneren Garten ist alles möglich, da können exotische Früchte neben einheimischen Kräutern wachsen. Ganz so, wie es zu dir passt.

Begib dich in diesem Garten an deinen gemütlichen Sitzplatz und überlege dir, was du wachsen lassen möchtest. Was ist dran in deinem Leben? Welche Idee möchtest du in die Welt bringen? Welches Projekt braucht dein Dazutun, deine Aufmerksamkeit und deine Herzenskraft? Oder bist du selbst dein »Projekt«? Was in dir möchte dem Licht entgegenwachsen? Was von dir möchtest du der Welt gern zeigen?

Bitte nun all deine geistigen Helferwesen um Unterstützung, ob du sie kennst oder noch nicht. Bitte sie, dir beim Gedeihen dieses neuen Pflänzchens, das da in die Welt kommen will, zu helfen. Leg deine Hände vor dein Herz und spüre, wie sich nach und nach ein Samen oder ein Schössling in deiner Hand zeigt. Das ist das Neue, das wachsen wird. Es ist dabei nicht wichtig, ob du ganz genau weißt, was es ist.

Lass dich nun intuitiv in deinem inneren Garten an die Stelle führen, wo der optimale Platz für dieses neue Leben ist. Setze es dort in die Erde und gieße es mit ein wenig Wasser. Gib ihm deinen Segen und bitte die geistigen Wesen deines Gartens, sich gut um dieses Pflänzchen zu kümmern.

Wann immer du in der nächsten Zeit die Gelegenheit hast, reise innerlich zu diesem Garten und schau, wie er sich verändert und wie deine Pflanze gedeiht. Sieh nach, was sie braucht und wie du es ihr geben kannst. Gib ihr vor allem immer neu deine liebevolle Aufmerksamkeit. Schau, wie sie wächst und wie du und dein Vorhaben mit ihr zum Erblühen kommen.

WAS TUT DIR IM FRÜHLING GUT?

Oft vergeht die Zeit so schnell und wir kommen nicht dazu, das auszukosten, was uns an einer Jahreszeit besonders freut. Ob es die erste Wandertour in den Bergen ist oder das stille Betrachten der Märzenbecher in einem Garten – hier kannst du es notieren, um es in diesem Frühjahr nicht zu verpassen. Zugleich entsteht dabei eine Liste von Glücksmomenten, an die du dich das ganze Jahr über erinnern kannst (egal, ob du sie live erlebt hast oder nur in deiner Innenwelt). Was möchtest du im Frühling gern tun? Was liebst du und willst es bewusst genießen? Was macht dich im Frühling glücklich und dankbar?

....

....

....

....

....

....

....

....

....

WAS WILL NEU ENTSTEHEN?

Drei Monate Frühling, die mit ihrer initiatorischen Kraft nach Neuanfängen rufen. Jetzt könnte es gut sein, dass auch in dir etwas ins Leben drängt, dass etwas in deinem Leben neu wachsen möchte. Was ist es? Was will entwickelt werden, neu entdeckt, endlich gestaltet? Vielleicht weißt du sofort, welche Dinge auf deiner inneren Liste von Ideen, Qualitäten oder Vorhaben stehen, die gelebt werden wollen. Oder du lauschst nach innen auf die ganz leisen Worte deines Herzens oder deines inneren Kindes, um zu erfahren: Was möchte aus dir heraus ins Leben? (Du kannst diese Liste auch sehr gut in das Ritual von Seite 22/23 einbringen.)

....

....

....

....

....

....

....

....

....

MÄRZ

Initialzündung und Neubeginn. Das Leben erwacht neu, die Natur schmückt sich ganz allmählich wieder mit bunten Farben. Am 21. März, zur Tag-und-Nacht-Gleiche, halten sich Hell und Dunkel die Waage – und fortan wird das Lichte immer stärker.

IMPULSE AUS DEM MEDITATIONSBILD

Mit dem März beginnt der Kreislauf des Jahres von Neuem. Das Erwachen der Natur können wir auch in uns selbst spüren. Wie geht es dir damit und was löst das Meditationsbild von Seite 26 in dir aus?

Deine Augen zog es zum Bach, der sich leise glucksend durch den Wald schlängelt? Was in dir kommt neu zum Fließen in diesem März? Welchem Strom folgst du?

Sind dir die Weidenkätzchen vorn im Bild aufgefallen? Was in deinem Leben fühlt sich weich und anschmiegsam an? Was kündet dir von Zärtlichkeit im Leben?

Blumen sprechen die Sprache des Herzens, findest du nicht auch? Was flüstern dir diese Frühlingsblumen zu? Wovon erzählen dir ihre gelb strahlenden Köpfchen?

WAS IST DIR JETZT WICHTIG?

Diese Seite steht dir für alles zur Verfügung, was dir im März wichtig ist zu notieren. Vielleicht möchtest du dich mit ein paar Worten an eine schöne Stimmung draußen in der neu erwachenden Natur erinnern, an eine herzliche Begegnung oder eine wertvolle Einsicht, die dir geschenkt wurde.

ZWISCHENWELTENWISSEN

Der März, die Zeit des Neubeginns, ruft uns auf, die letzten Reste vom Alten abzuschütteln. Der berühmte Frühjahrsputz für Haus und Wohnung steht an. Oder die Reinigungskur für den Körper mit Fasten und Detoxen. Auf schamanische Weise können wir uns mit dem Knochentanz reinigen: Dabei schütteln wir in unserer Vorstellung alles von uns ab, wirklich alles, bis nur noch unsere Knochen übrig sind. Diese Knochen tanzen und tanzen … bis die Sonne uns neu, frisch und kraftvoll wieder zusammensetzt.

Für diese Übung ist es gut, sich eine Trommelmusik aufzulegen. Am besten ein monotones schamanisches Trommeln, es geht aber auch eine andere Percussion-Weltmusik.

Der Knochentanz

Sorge für einen ungestörten Raum und stell dich aufrecht hin. Atme ein paar Mal tief durch, um ganz bei dir anzukommen. Nun beginnt dieser heilige Tanz: Du spürst zunächst einfach deinen Körper, von den Füßen bis hinauf zum Kopf, und imaginierst dann eine schöne Landschaft – weite Wiesen, Hügel, Bäume, ganz so, wie es dir gefällt. Du spürst die Sonne auf deinem Körper, während ein leichter Windhauch aufkommt, dich an der Haut berührt und an ihr zu reiben beginnt. Es ist ein warmes, angenehmes Reiben, das nun langsam alles Alte und Überholte von dir ablöst und den Elementen, dem großen Ganzen zurückgibt. Stück für Stück löst sich die Haut und dann auch die Muskeln, die Sehnen und Bänder. Alles wird ganz langsam und angenehm zu Sand und zerrinnt. Alles löst sich auf, alles vergeht und rieselt an dir herab. Der Wind nimmt alles mit sich fort, bis nur noch die Knochen übrig bleiben.

Jetzt spürst du diese Knochen und merkst, wie sie langsam zu tanzen anfangen. Es tanzen deine Knochen, das Skelett, das dich trägt und aufrichtet. Du lässt die Bewegungen einfach geschehen und tanzt dich frei. Ganz in deinem Rhythmus, auf deine Weise.

Nach einer Zeit beendest du den Tanz. Du atmest ein paar Mal tief ein und aus. Noch in der Bewegung spürst du wieder ganz bewusst die Wärme der Sonne. Sie nährt dich und füllt deinen Körper wieder ganz auf. Er setzt sich wie von selbst neu in seiner Ganzheit zusammen. Du siehst die Landschaft um dich herum. Du spürst die Kraft der Sonne, des Wassers und der Erde. Alles ist da, um dich in deiner neuen Ganzheit zu begrüßen, und du nimmst deinen gereinigten Körper in seiner Lebendigkeit und Frische wahr. Du spürst wieder deine Füße auf der Erde, die dich trägt und der du dich immer bedingungslos anvertrauen kannst.

DIE BLUME DES MONATS MÄRZ

Plötzlich erheben sie ihre schönen zarten Köpfchen aus dem Waldboden. Beinahe über Nacht zeigen sich die Märzenbecher in kleinen und großen Grüppchen in der Natur und künden vom neu erwachten Zauber des Frühlings. Wie kleine Lampions leuchten sie im ansonsten noch dunklen Wald oder in den noch kahlen Gärten. Damit sind sie deine Unterstützerinnen für die **Balance zwischen Hell und Dunkel,** die jetzt im März im großen kosmischen Spiel von Erde und Sonne den Wandel einläutet. Tag-und-Nacht-Gleiche – am 21. März ist es genauso lange hell wie dunkel. Und ab jetzt wird das Helle immer stärker. So wie das sanfte Leuchten von immer mehr dieser Blüten in der Natur.

Als deine Begleiterinnen schenken dir die Märzenbecher die **Durchsetzungskraft,** mit der sie ihre Blätter durch den vom langen Winter noch harten Boden empor zum Licht drängten. Auch in dir lebt diese Gabe, dich neu auf- und auszurichten auf das, was dir wichtig, ja, heilig ist. Du hast die Kraft, dich nach dem Licht zu recken und es alle Potenziale in dir wachküssen zu lassen. Wann immer du Initialkraft brauchst, verbinde dich mit diesen Blumen.

Wenn die Märzenbecher dir im Wald oder in einem Garten begegnen, laden sie dich ein, still zu werden und zu lauschen. Denn in der **wachsamen Stille** wirst du das leise Klingeln ihrer Glöckchen vernehmen können. Das sanfte Läuten, das alle Kräfte für etwas Neues in dir aufwecken will. Jetzt ist es so weit: Ein neuer Kreislauf beginnt.

WAS WAR IM MÄRZ GUT?

Mach dir selbst das Geschenk und lenke deinen Blick auf all das, was gut im Fluss ist, was dich erfüllt und dankbar macht. Hier auf dieser Seite kannst du notieren, was dich im März gefreut hat. **Was lief besonders gut? Was hat dich berührt, glücklich gemacht? Was lief besser als erwartet?**

APRIL

Neugieriges Erwachen. Die Kraft der Sonne nimmt spürbar zu. Die Pflanzenwelt entfaltet sich mit all ihrer grünen Macht und die Säfte des Lebens kommen auch in uns Menschen jetzt intensiver zum Fließen.

IMPULSE AUS DEM MEDITATIONSBILD

Sprichwörtlich wechselhaft ist er, der April. Mal lockt er uns mit wärmenden Sonnenstrahlen nach draußen, dann wieder zeigt er sich mit stürmischer Kälte. Was löst diese Zeit in dir aus? Was bewegt dich beim Betrachten des Bildes von Seite 34?

Auf kargen Felsen finden die Bäume dennoch genug Halt zum Leben. Worauf gründet sich dein Sein? Was gibt dir Halt und Nahrung? Was stärkt und stützt dich?

....

Die kleinen Blümchen im Vordergrund halten sich mutig in der felsigen Landschaft. Wo treffen sich in deinem Leben Zartheit und Kraft, Verletzlichkeit und Stärke?

....

Still steht ein Mann unter dem weiten Himmelszelt. Worauf mag er wohl lauschen? Was sind deine bevorzugten Momente der stillen Zwiesprache mit dem Leben?

....

WAS IST DIR JETZT WICHTIG?

Wieder eine Seite für Erinnerungen oder Erkenntnisse, die dir im Monat April am Herzen liegen. Was ist bedeutsam in deinem Leben? Was lässt dich aufblühen, so wie es die Natur gerade vorlebt? Welche Ziele erfüllen dich mit Sinn und tiefer Freude, wenn du an sie denkst oder auf sie zugehst?

ZWISCHENWELTENWISSEN

Als Mensch in die Welt zu kommen, heißt immer auch, als Mensch in eine Gesellschaft zu kommen, in der es viele in sich verzahnte Regeln und Gepflogenheiten gibt. Sie koordinieren das Zusammenleben und haben sich über lange Zeiträume bewährt – oder auch nur eingeschlichen, ohne dass sie je hinterfragt worden sind. Dies alles prägt uns vom ersten Tag unseres Lebens an. Oft merken wir davon nichts mehr. Es wirkt wie die Tapete an der Wand, die wir irgendwann gar nicht mehr wahrnehmen, sondern als selbstverständlich hinnehmen.

Blicken wir nun aber einmal weit über diese Begrenzungen des alltäglichen Lebens hinaus und laden wir unsere Seele ein, uns zu erzählen, wie sie gern sein möchte hier in dieser Menschengestalt.

Das göttliche Kind in dir

Ein Mensch, der seine Seelenkraft wieder erinnert, lebt so, wie er in seiner Göttlichkeit gedacht ist. Er bringt nach und nach all seine Fähigkeiten und Talente, seine ganze Schönheit und Kraft zur Entfaltung und zur vollen Blüte. Göttlichkeit ist in diesem Sinne als das große Ganze, als Schöpferkraft oder wie es im Indianischen heißt: als der große Geist gemeint. Davon ist jeder Mensch ein Teil, der zugleich auch das Ganze in sich trägt.

Wir wollen dir hier einen Weg zeigen, dich mehr und mehr mit dieser Göttlichkeit zu verbinden. Nutze diese Anregung, so oft du möchtest. Die Erfahrung kann sich von Mal zu Mal vertiefen.

Nimm dir ein paar Minuten Zeit an einem ungestörten Ort und mach es dir bequem. Atme ein paar Mal tief durch und stell dir vor, in dir wohnt ein göttliches Kind. Es ist unschuldig und voller Lebensfreude. Staunend betrachtet es die Welt. Kannst du es spüren, wie es offen und neugierig auf alles zugeht? Wie es frei von allen starren Regeln und einschränkenden Vorstellungen sein Leben genießt? Lass dich davon begeistern, die Welt aus den staunenden Kinderaugen zu betrachten und unvoreingenommen alles so zu betrachten, wie es sich gerade zeigt. Pur, einfach, ohne Interpretation, ohne Wenn und Aber. Im freudigen Staunen über Farben und Formen, Gerüche und Geräusche.

Lass dich ganz auf dieses göttliche Kind ein. Werde zu diesem Kind. Wer bist du ohne all das Anerzogene und Übernommene? Wer bist du in deiner ganzen Schönheit, gottgewollt und frei? Wer bist du vor allen Prägungen und Konditionierungen? Kannst du es spüren? Erlebst du Bilder davon vor deinem inneren Auge?

Als dieses unschuldige, freie, ungetrübte Wesen: Was würdest du gern tun? Was würdest du gern beginnen oder abschließen, verändern oder loslassen? Was würdest du gern in dein Leben einladen, weil es dort fehlt, weil es dort lange keinen Platz hatte? Das Tanzen vielleicht, das Singen, das Spielen, das Einfach-nur-in-die-Wolken-Schauen. Oder fällt dir eine große Aufgabe ein, eine Art Mission, wegen der du hier auf diesem Planeten bist? Was möchte deine Seele hier leben?

Verweile ein wenig in dieser Stimmung. Bade richtiggehend in dieser Energie, in den Bildern oder Empfindungen, die auftauchen, wenn das göttliche Kind in dir lebendig wird. Wenn du ein deutliches Gespür dafür hast, kann es hilfreich sein, dir einen Anker zu setzen: Mach eine bestimmte Geste (vielleicht die Namaste-Haltung mit zusammengelegten Handflächen) oder sage ein Wort (vielleicht »Danke«), singe eine Melodie oder nimm einen Gegenstand in die Hand. Verbinde diese Handlung ganz bewusst mit der Stimmung, in die du mithilfe deines göttlichen Kindes eingetaucht bist. Wann immer du später wieder diese Energie der Göttlichkeit erleben willst, kannst du Geste oder Wort, Melodie oder Gegenstand nutzen, um dich daran zu erinnern. Je öfter du das übst, umso tragfähiger wird diese Brücke hin zu dem, was dich hier auf Erden trägt und beflügelt.

DIE BLUME DES MONATS APRIL

Das Veilchen ist klein und unscheinbar, es wächst unter Büschen und am Wegesrand, sogar in der Stadt findest du es verborgen in den kleinen Grünflächen zwischen den Straßen. Wenn du dich tief hinunterbeugst und es ganz nahe an dich herankommen lässt, strömt dir sein **feiner Duft** entgegen. Erfrischend wie der Frühling selbst berührt er dein Herz, macht dich leicht und zaubert dir ein leises Lächeln ins Gesicht.

Mit diesem verführerischen Duft schafft das Veilchen eine **Atmosphäre der Sinnlichkeit und der Besonderheit,** der du nachspüren kannst. Es ist bescheiden, man übersieht es leicht – und doch ist es kraftvoll und birgt große Heilkraft in sich. Wenn das Veilchen in dein Leben tritt, ist eine Zeit der inneren Heilung gekommen. Vertraue seinem Duft und sei dir bewusst, dass diese kleine unscheinbare Blume viele Ebenen vereinigt, das Alte und das Gegenwärtige, Schatten und Licht, Verzagtheit und das Strahlen nach außen.

Diese Kraftblume würdigt deine alten Verletzungen und schenkt dir mit ihrem Wohlgeruch die Bereitschaft, dich auszusöhnen mit all dem, was war. Ihre duftende Essenz lässt dich tief in dein Innerstes schauen, um den Schmerz der Vergangenheit hinter dir zu lassen. Mit dem Veilchen hast du eine **Heilerin alter Wunden** an deiner Seite. Mit ihr kannst du in deinem Inneren aufrecht stehen und dich als einzigartiges Wesen erkennen – bescheiden und doch ganz in der eigenen Kraft.

WAS WAR IM APRIL GUT?

Den Fokus auf das zu legen, was gut, schön und kraftvoll ist, kann das ganze Leben verändern. Von allein passiert es meist nicht. Unser Gehirn merkt sich die schwierigen Dinge besser – eine reine Vorsichtsmaßnahme. Bei den guten Dingen aber können wir ein wenig nachhelfen. Auch in diesem Monat: **Was lief besonders gut? Was hat dich gefreut, berührt, glücklich gemacht? Was lief im April besser als erwartet?**

....

....

....

....

....

....

....

....

....

....

MAI

Der Wonnemonat. Wärmende Sonnenstrahlen auf der Haut, bunte Blumenwiesen, überall kribbelt es vor Lebendigkeit. Alles steht voll in seiner Kraft.

IMPULSE AUS DEM MEDITATIONSBILD

Der Mai lässt uns seine Kraft auf die schönste, bunteste Weise spüren. Es gibt kein Zurück mehr, alles strebt nach vorn ins Wachsen, ins Gedeihen, ins Blühen. Wie geht es dir beim Betrachten des Bildes von Seite 42? Wie fühlt sich dieses Üppige, diese sprudelnde Lebendigkeit für dich an?

Deine Augen bleiben an dieser Vision hängen, die sich in der Mitte des Bildes wie ein Tropfen aufspannt? In welch zauberhafte Welt will dich diese Sphäre entführen?

....

Zwei Flamingos stehen im Wasser und genießen wohl ihre Unterhaltung. Was bringt ein wenig Exotik in dein Leben, vielleicht sogar in deinen Alltag?

....

Der Wald spiegelt sich im Wasser. Die Welten verschwimmen. Kennst du das auch aus deinem Leben, dass du nicht mehr weißt: Was ist »wirklich«, was ist »Traum«?

....

WAS IST DIR JETZT WICHTIG?

Was bewegt dich im Monat Mai? Was geht in deinem Leben vor und vor allem: in deinem Inneren? Hier hast du Platz, die Dinge zu notieren, die in dir zur Entfaltung drängen, die »bebrütet« oder aber verabschiedet werden möchten. **Was ist in dir gerade wesentlich?**

ZWISCHENWELTENWISSEN

Ist es nicht herrlich, dass wir Menschen die Fähigkeit haben, zu träumen? Dass in unserem Kopf Stimmungen, Bilder, Geschichten, ja ganze Filme entstehen können? Die alten Kulturen aller Regionen haben diese Gabe sehr hoch geschätzt und unterschiedliche Wege gefunden, sie ganz bewusst nutzbar zu machen. Es gibt ja nicht nur das »zufällige« Träumen, das uns nachts beim Schlafen geschieht und mit dem unser Gehirn die Tagesereignisse verarbeitet und neu im Inneren Ordnung schafft.

Manche Träume sind Zeichen der geistigen Welt. Sie enthalten in ihren Bildern Botschaften, die uns zurück auf unseren Weg bringen oder uns die nächsten Schritte zeigen wollen. Oder sie erklären uns etwas, das wir bisher nicht verstehen konnten, was für unseren Weg aber wichtig ist. Manchmal enthalten solche »großen« Träume regelrecht einen Auftrag an uns. Wir wachen dann am Morgen auf und wissen: Wir haben etwas Bestimmtes zu tun, weil das einfach zu unserer Aufgabe hier als Mensch gehört.

Träume können auch prophetischer Natur sein. Dann nehmen sie etwas vorweg, was in naher oder ferner Zukunft in unser Leben kommen wird. Es bahnt sich dann erstmals in uns Raum, lockt unsere Aufmerksamkeit auf sich, stellt schon ein wenig die Weichen. Dann sieht sich jemand im Traum vielleicht bei einem Essen in Tokio sitzen und wundert sich, weil er keinen Zusammenhang zu seinem Leben sieht. Fünf Jahre später verbringt er ein ganzes Jahr in Japan, weil ihm seine Firma diese Chance geboten hat.

In manchen Traditionen nutzt man intensive Übungswege hin zum luziden Träumen. Dabei ist es möglich, mitten im Schlaf und im Traum mit dem Bewusstsein wach zu bleiben, alles mitzubekommen und sogar ins Traumgeschehen einzugreifen. Das ist nicht nur spannend, es ist ein Weg, unser Bewusstsein in all seinen vielfältigsten Stufen und Zuständen tiefer zu erforschen und damit mehr über das Menschsein zu erfahren.

Träume als Botschafter

Wenn du die Kraft der Träume intensiver nutzen willst, kannst du das zu einer Praxis machen, die dein Leben sehr bereichern wird. Der altbekannte Hinweis, sich dafür Papier und Stift ans Bett zu legen, ist natürlich sinnvoll. So kannst du nachts zwischendurch oder am Morgen gleich aufschreiben, was du vom Traumgeschehen erinnerst. Beim Aufschreiben werden dir meist noch mehr Details in den Sinn kommen und mit der Zeit wirst du dich an immer mehr Sequenzen deiner nächtlichen Ausflüge erinnern können, weil du dich gewissermaßen darauf trainiert hast.

Noch intensiver kann eine solche Praxis werden, wenn du die geistige Welt vor dem Einschlafen um einen Traum bittest, der dir einen Weg weist oder eine Antwort auf eine anstehende Frage gibt. Das kann wie in einem Gebet erfolgen: Du wirst still, sammelst dich und richtest deine Bitte an das Göttliche oder an ein geistiges Wesen, das du als Unterstützer für dich kennst, vielleicht ein geistiger Lehrer oder ein spiritueller Ahne. Oftmals kommt die Traumbotschaft nicht gleich in der ersten Nacht. Doch mit der Zeit kannst du, wenn du dranbleibst, immer tiefere Zusammenhänge erkennen.

DIE BLUME DES MONATS MAI

Mit ihrem kräftigem Rot winkt dir hier eine wirklich magische Blumenkraft zu. Ihre Knospe platzt plötzlich auf und völlig zerknittert strecken sich die Blütenblätter aus ihrer Umhüllung. Mit dieser sich langsam hinauswagenden Bewegung kommt ihre Schönheit immer mehr zur Geltung: Sie glättet nach und nach ihre Blütenblätter, als würde sich eine sinnliche Schönheit dehnen und strecken. Mit dem Mohn hast du eine **Kraft für Krisenmomente:** Wenn du dich zerknittert fühlst, vom Schicksal zerzaust, kannst du dich mit ihrer Hilfe wieder straffen und dir neu deiner Schönheit bewusst werden. Diese Blumenkraft unterstützt dich dabei, dich nach einer Herausforderung wieder frisch und leicht zu fühlen. Sie lässt dich regenerieren.

Ihre Farbe ist unübersehbar und so zeigt dir die Mohnkraft **deine aufregende Seite.** Sie flüstert dir zu, dass du den Mut haben kannst, dich bei jeder Art von Auftritt zu zeigen. Sie sorgt dafür, dass man dich nicht übersieht.

Bei den alten Griechen war der Schlafmohn auch die Blume der **Träume**. So schenkt dir diese Blumenkraft die Gabe des Intuitiven und des inneren Sehens. Als Träumerin beschenkt sie dich mit den Eindrücken aus anderen Welten und beflügelt deine Fantasie. Deine Kreativität wächst mit ihr. Wenn die Mohnblumenkraft in dein Leben kommt, werden deine Träume bunter und dein Herz öffnet sich für die geheimen Winkel des Lebens, in denen die Wunder auf dich warten.

WAS WAR IM MAI GUT?

Was war das Schönste für dich im Wonnemonat Mai? Das Beglückendste, Berührendste? Das, was dich am meisten mit Dankbarkeit und Freude erfüllte? Das, was dir einen Sinn und Bedeutsamkeit signalisierte? Notiere es hier, um dich immer neu daran erinnern zu können.

....

....

....

....

....

....

....

....

....

....

....

SOMMER

ZEIT VON AKTIVITÄT UND BEGEGNUNG

Was im Frühling geplant und begonnen wurde, kommt im Sommer so richtig in Fahrt, bringt Blüten oder bereits erste Früchte hervor. Es ist die Zeit, in der überall emsig getan wird. Von der Natur selbst, die jetzt überall wächst und über Samen und Nahrungsfrüchte die Zukunft sichert. Traditionell auch von den Menschen, die jetzt besonders aktiv die Felder und Gärten pflegen und nach und nach die Ernte einfahren.

In unserer modernen Zeit sind die Unterschiede zwischen den Jahreszeiten nicht mehr so stark spürbar – wir geben selten mal wirklich Ruhe, wie es vor allem der Winter von uns fordert. Und doch sind wir im Sommer meist aktiver, nicht nur als Landwirte oder (Hobby-)Gärtner, sondern auch weil wir die warme Zeit draußen genießen und viele Ausflüge oder Urlaubsreisen machen. Die Tage sind länger, wir fühlen uns voller Energie und bringen auch mehr im Alltag unter. Dazu gehören natürlich auch Treffen mit Freunden – im Biergarten, an der Eisdiele, am See. Es ist die Zeit intensiver Begegnung und des gemeinsamen Tuns und Sich-Austauschens.

Bei so viel Aktivität braucht es natürlich auch Pausen. Und so ist der Sommer zugleich die Zeit der Siesta, des gemütlichen In-der-Sonne-Dösens oder des Mittagsschlafs im abgedunkelten Zimmer, damit auch in der langen zweiten Hälfte des Tages noch Energie da ist. So zeigt uns der Sommer, dass Wachstum gut und wichtig ist – dass es aber kein ewiges Wachstum gibt, kein unentwegtes Aktivsein. Eine Zeit lang ist das gut und gesund – dann aber braucht es eine Zeit der Regeneration, um neue Kräfte zu sammeln. So ist es über den Tag gut, eine echte Pause einzulegen. Und so ist es auch im Jahr: Denn nach dem Sommer kommen der Herbst und der Winter. Das Wachstum stoppt, es wird geerntet und eine lange Pause bereitet das Neue vor. Diese Auszeit wegzulassen, zu verkürzen oder schlechtzureden, kostet Kraft: uns selbst und auch die Natur, die sich nicht so schnell regenerieren kann. Es ist Kraft, die nicht so leicht wieder aufgebaut werden kann, weil schlicht die Ruhe dafür fehlt.

IMPULSE AUS DEM MEDITATIONSBILD

Das Bild, das das Sommerkapitel einleitet, lädt dich dazu ein, innezuhalten und die Stimmung der wärmsten Jahreszeit zu erspüren. Wenn du mit der Energie des Sommers meditierst – wie fühlt sie sich an für dich? Auf dieser Seite kannst du festhalten, was in dir an Erkenntnissen oder Ideen aufsteigt. Auch hier kannst du das Bild immer dann nutzen, wenn du das im Laufe des Sommers möchtest. Und auch später im Jahr, wenn dir ein wenig Sommerstimmung guttun könnte.

DEIN SOMMERRITUAL

Auch für die drei Monate des Sommers möchten wir dir ein Ritual anbieten, das dich in dieser Zeit begleiten und dabei nach und nach ein schönes Geschenk für dich auspacken kann. Es kommt aus der schamanischen Tradition und ist ein echtes Kraftritual. Am besten beginnst du dieses Ritual im zeitigen Sommer, also im frühen Juni.

Der Einstieg: Überleg einmal, ob es eine bestimmte Qualität gibt, die du gern entwickeln möchtest. Etwas, was dir im Alltag oder allgemein im Leben fehlt, obwohl es doch eigentlich nicht so schwer sein dürfte. Geduld vielleicht, Durchhaltevermögen, die Fähigkeit, auch mal Nein zu sagen, überzeugend vor Menschen zu sprechen oder mitfühlender zu sein. Etwas, was du wirklich gern zur Verfügung hättest und schon länger vermisst. Diesen Sommer über nun kannst du es entwickeln.

Such dir zuerst in der Natur einen Ast, Stab oder Zweig, der von einem Baum gefallen ist. Ob er groß oder klein ist, dick oder dünn, gerade oder wild verzweigt, das ist ganz gleich. Lass dich von so einem Ast oder Stab finden. Wenn du ihn in der Hand hältst, wirst du spüren, dass es deiner ist. Noch in der Natur oder wieder zu Hause setzt du dich mit diesem Stab hin und wirst zunächst ganz still. Sammle dich, atme in Ruhe und konzentriere dich auf dein Anliegen. Bitte deine geistigen Unterstützer zu dir, ob du sie schon kennst oder nicht – sie werden für dich da sein. Nimm dann den Stab in deine Hände und lass deinen Wunsch in ihn hineinfließen. Sei dir dieser Qualität, die du entwickeln willst, bewusst, spüre sie in dir und »bete« sie in den Stab hinein. Mach das so lange, wie du glaubst, dass es nötig ist. Wenn du möchtest, kannst du anschließend beginnen, das Holz mit Bändern und anderem zu schmücken. Leg den Stab dann in deiner Wohnung an einen würdigen Platz, wo er dir auch präsent bleibt.

Setz dir nun einen regelmäßigen Termin, um das Ritual fortzuführen: jeden Freitagnachmittag vielleicht oder immer am Abend der Vollmond-, Halbmond- und Neumondnächte. Wenn du nur alle zwei Wochen dazukommst, ist es auch in Ordnung. Und wenn du zwischendurch den Impuls hast, nach dem Stab zu schauen und ein wenig mit ihm zu sein, wunderbar. Mehr ist letztlich nicht zu tun: Setz dich zu deinem Kraftstab und sei mit ihm und mit deiner Qualität präsent. Wenn du möchtest, häng weitere Dinge an diesen Stab: Bänder, Federn, kleine Zettel mit Worten oder Botschaften, Dinge, die für dich das repräsentieren, was du entwickeln möchtest. Schmücke ihn und spüre, wie er immer kraftvoller wird. Und spüre auch, wie du immer mehr von deiner angestrebten Qualität zu verkörpern beginnst.

Mach das so den ganzen Sommer über. Um das Ritual dann zu beenden, bedanke dich bei allen geistigen Kräften und bei deinem Kraftstab, den dir die Natur geliehen hat. Du kannst ihn bei dir zu Hause lassen oder der Natur zurückgeben. Entferne dafür natürlich zuvor alles, was nicht natürlich ist und nicht verrotten könnte. Du kannst den Stab auch beim Winterritual (Seite 118) verbrennen und so in den großen Kreislauf zurückgeben. Die neu entwickelte Qualität bleibt in dir.

WAS TUT DIR IM SOMMER GUT?

Der Sommer ist für viele die liebste Jahreszeit – es ist warm, hell und oft ist auch noch Urlaubszeit. Was ist es, was du im Sommer gern tust und in diesem Jahr keinesfalls versäumen möchtest? Es gibt so viele Möglichkeiten! Zu einem See wandern und ins kühle Wasser springen. Mittags unter einem Baum liegen und in Ruhe vor sich hin dösen. Beim besten Italiener der Stadt einer lieben Freundin ein großes Eis spendieren. Den Geruch des Sommerregens genießen. Was macht dich im Sommer glücklich und dankbar?

....

....

....

....

....

....

....

....

....

....

WAS WILL GETAN WERDEN?

Der Sommer ist die Zeit von Aktivität und Begegnung. Drei Monate, in denen viel getan, viel erlebt werden kann. Was ist für dich in diesem Jahr wichtig? Was erhält deine oberste Priorität unter all den tausend Dingen, die du tun könntest? Was drängt aus deinem Inneren heraus ins Leben? Und mit welchen Menschen gemeinsam willst du aktiv sein? Frage auch hier Kopf, Herz und Bauch gleichermaßen.

....

....

....

....

....

....

....

....

....

....

Juni

Voller Licht. So hell wie nie ist es jetzt in unseren Breiten. Zur Sommersonnwende am 21. Juni zählen wir die meisten Sonnenstunden des ganzen Jahres. Licht und frei kann es auch in uns sein in dieser prächtigen Zeit.

IMPULSE AUS DEM MEDITATIONSBILD

Was macht den Juni für dich aus? Lass dich beim Betrachten des Bildes eine Seite zuvor ganz in die Sommerenergie fallen und tanke die Schwingung von Wärme und Weite. Was löst sie in dir aus?

Die Wellen des Wassers verwischen schnell alle Spuren. Was macht bei dir ein schöner Junitag wie ungeschehen? Was löst er in Wohlgefallen und gute Laune auf?

Bereit zum Flug steht der Kormoran am Strand. Wohin er wohl will? Wohin möchtest du aufbrechen, wenn diese unendliche Weite voller Möglichkeiten vor dir liegt?

Es scheint, als würden Engelflügel die Szene beschützen. Fühlst du dich verbunden mit den geistigen Kräften? Woher beziehst du Schutz und Vertrauen im Leben?

WAS IST DIR JETZT WICHTIG?

Was bewegt, was berührt und beschäftigt dich im Monat Juni? Welche Erkenntnisse sind in dir gereift und wollen umgesetzt werden? Was ist – ganz allgemein – derzeit dein Lebensgefühl? In Bezug auf dich und deine Lieben und in Bezug auf die Welt? Hier ist Raum, die Dinge zu notieren, die dir gerade wesentlich sind.

ZWISCHENWELTENWISSEN

Der Mensch ist das einzige Säugetier, das aufrecht steht und geht. Wir zahlen dafür den Preis, unsere verletzlichsten und wichtigsten Körperteile – Gesicht, Herz, Verdauungsorgane, Geschlecht – ungeschützt vor uns zu tragen, weil etwas anderes noch wichtiger für uns ist: dass wir eine Achse zwischen Himmel und Erde sind. Dass unsere Wirbelsäule beide wie eine Brücke miteinander verbindet. Im Schamanischen sieht man den Menschen ganz bewusst als einen Mittler zwischen Himmel und Erde, zwischen geistiger und irdischer Welt, zwischen Geist und Materie.

Bis heute ist dies unsere wichtigste Aufgabe: diese Brücke zwischen Himmel und Erde zu sein und damit gewissermaßen auch »den Himmel auf die Erde zu bringen«. In dieser Aufgabe treten wir selbst mit unseren eher kleinen Ideen und Wünschen zurück und geben uns ganz den größeren Kräften hin. Wenn wir so zu leben verstehen, werden nicht zuletzt wir selbst mit enorm viel Kraft und einer Gelassenheit beschenkt, die uns auch schwierige Phasen gut durchstehen lässt. Wir entfalten eine Weisheit, die mehr und mehr dem Ganzen zugutekommen kann.

Erden und Himmeln

Um diese Haltung zu üben, empfiehlt sich eine Meditation, die in vielen Traditionen auch über das Schamanische hinaus auf die eine oder andere Weise genutzt wird: Erden und Himmeln. Du kannst sie im Stehen oder im aufrechten Sitzen durchführen. Nachdem du ein wenig zur Ruhe gekommen bist und ein paar Mal tief durchgeatmet hast, verbindest du dich bewusst mit Mutter Erde. Du lässt Wurzeln aus deinen Füßen und/oder aus deinem Becken tief hinein in die Erde wachsen und spürst mehr und mehr, wie du durch diese Wurzeln atmest. Mit dem Ausatmen schickst du alles Schwere und Überlebte nach unten durch die Wurzeln zur Erde, die es als »Kompost« transformieren wird. Mit dem Einatmen spürst du, wie Erdenergie zu dir hinauffließt und dich nährt – vorgestellt vielleicht als milchig weißen oder goldenen Saft. Verbinde dich immer intensiver und in großer Dankbarkeit mit der Erde und lausche auch, ob sie eine Botschaft für dich hat – zu etwas, was dir guttun könnte oder was du für sie tun kannst.

Wechsel nach einer Zeit nach oben und verbinde dich ganz bewusst mit dem Himmel. Spüre, wie du dich am Scheitel öffnest und empfänglich für die kosmischen Energien wirst. Und spüre, wie sich die Kräfte von Mutter Erde und Vater Himmel in dir und durch dich verbinden und vereinigen. Sei auch hier in großer Achtsamkeit und Dankbarkeit und sei offen für eine mögliche Botschaft, die dein Leben oder das von uns Menschen allgemein betreffen kann. Wenn dich eine Frage bedrückt, kannst du auch speziell um eine Antwort bitten, wenn sich das stimmig anfühlt.

Bedanke dich am Ende bei Erde und Himmel und komm langsam und mit tiefen Atemzügen wieder ganz bei dir und in deinem Alltag an.

DIE BLUME DES MONATS JUNI

Mit der Pfingstrose weht dich der feine Hauch von **Zauber und Wunder** an. Wie überraschend ist es doch, wenn die kompakte Knospe aufplatzt und sich innerhalb kürzester Zeit die Pracht der vielen feinen Blütenblätter entfaltet. Der Blütenkelch wird immer üppiger, weiter und größer – und es scheint fast so, als würde dieser Vorgang niemals enden wollen. Die Pfingstrose lädt dich ein, dich auch selbst immer noch weiter zu öffnen, noch tiefere Facetten von dir freizulegen und dein wahres Selbst immer noch schöner zur Entfaltung zu bringen.

Diese prächtige, volle Blüte macht dich zugleich darauf aufmerksam, dass dein Umfeld geheimnisvoll und spannend ist, sobald du beginnst, **genauer hinzusehen.** Wie ein Kind kannst du mit neugierigen Augen dein Leben und die Menschen um dich herum betrachten und so mit mehr Interesse und Freude auf deine Umwelt eingehen. Oft sind es nämlich die kleinsten und einfachsten Dinge, in denen sich die größte Schönheit verbirgt.

Ist die Pfingstrose deine Begleiterin, schenkt sie dir etwas von **Unschuld und Vertrauen**, denn sie hat zwar die Größe und Schönheit einer Rose, aber keine Dornen, daher wird sie dich nie verletzen. Der Zauber des Ursprünglichen, Kindlichen und Einfachen wohnt in ihr. Mit ihr kannst du daher auch deine kindlich verspielten Potenziale entfalten und einen Weg zurück zur Abenteuerlust deiner Kindheit finden.

WAS WAR IM JUNI GUT?

Den Blick auf das Schöne und Erfreuliche zu lenken, das muss richtig trainiert werden. Von allein tun wir es erst mal nicht und die allgegenwärtigen Medien fördern es auch nur selten. Machen wir uns also selbst ans Werk: Was lief im Juni gut? Was hat dich erfreut, gestärkt, was hat dich dankbar und glücklich gemacht?

JULI

Sommerhitze. Alles läuft gemächlicher. Wir dösen in der Mittagssonne, kühlen uns im See, haben einfach einmal (Urlaubs-)Zeit. Das weite Blau des Himmels macht auch unsere Herzen weit.

IMPULSE AUS DEM MEDITATIONSBILD

Hörst du die Grillen zirpen, wenn du das Bild auf Seite 66 betrachtest? Spürst du die Wärme über der Landschaft und riechst den Duft der Gräser? Was löst das Bild in dir aus? Wie fühlt es sich an, darin ein wenig spazieren zu gehen?

Üppig wächst und blüht es hier. Was macht sich derzeit in dir stark und drängt zur Blüte? Was lebt auf in dir, wenn du die Wärme eines Sommertages genießt?

....

Es muss herrlich sein, über diese Wiesen zu wandern. Was, denkst du, könntest du dort entdecken? Was könnte dort auf dich warten? Und mit welcher Botschaft?

....

Wie ein Wächter zeigt sich ein Totempfahl – Symbol der heiligen Verbindung von Mensch und Natur. Was ist dir heilig? Wie spürst du dein Eingebundensein ins Ganze?

....

WAS IST DIR JETZT WICHTIG?

Was sind deine Themen in diesem Juli? Was steht für dich im Fokus? Worüber sprichst du am meisten mit den Menschen, denen du begegnest? Was erlebst du in deinen nächtlichen Träumen? Nimm dir diese Seite und mach dir bewusst, was für dich gerade wichtig und bedeutsam ist.

ZWISCHENWELTENWISSEN

Im Schamanischen geht man davon aus, dass alles lebendig und beseelt ist. Alles wirkt in einem Zusammenspiel der Kräfte – und die können uns Menschen in ihrer Vielfalt und Wirkkraft zunehmend deutlich werden. In dieses Energiefeld des großen Ganzen einzutauchen heißt auch, sich als Teil davon wahrzunehmen, sich seiner Bestimmung im Leben immer klarer bewusst zu werden und sie kraftvoll zu leben.

Dass alles mit allem verbunden ist, wissen neben den Schamanen auch die Meisterinnnen und Meister vieler anderer spiritueller Traditionen und selbst die moderne Wissenschaft kann sich dieser Sichtweise auf die Welt nicht mehr verschließen. Immer waren es herausragende Denker, die über den Tellerrand zu schauen wagten, die hier bahnbrechende Entdeckungen machten und in wertvolle Erkenntnisse überführten. Rupert Sheldrake ist einer von ihnen. Seine »morphischen« oder »morphogenetischen Felder« sind längst in aller Munde. Nicht nur weil diese Theorie höchst plausibel erscheint, sondern weil sie unserem Sein in einer Welt, in der das Wirken der Menschheit in eine gefährliche Sackgasse geraten zu sein scheint, neue Hoffnung geben kann.

Wirkmächtige Felder

Sheldrake entdeckte, dass es stets energetische Felder sind, die materielle Wirklichkeit hervorbringen. Was er an der Natur beschrieb, spüren wir auch im Alltag: Wir können die Grundschwingung in unserer Firma, in der Wohnung einer Freundin oder im Sportclub, im Chor oder in der Yogagruppe wahrnehmen. Und wir wissen, dass sich daran ziemlich direkt ablesen lässt, was die Menschen jeweils dort hervorbringen an Qualität im Miteinander und sogar an äußeren Ergebnissen. Wo eine aggressive Stimmung herrscht, kommt es früher oder später zu verbaler oder sogar körperlicher Gewalt. Wo eine freundliche, offene, wertschätzende Atmosphäre da ist, können Gemeinschaftsgefühl, Freundschaft, Liebe und Kreativität blühen.

Das sind simple Beispiele, die aber etwas verdeutlichen, was im großen Ganzen ebenfalls wirkt: Wenn wir als Menschheit eine Grundschwingung von Konkurrenz und Wirtschaftlichkeit etablieren, erschaffen wir eine Welt, die genauso ist, wie wir sie heute vorfinden. Die Interessen der Mitmenschlichkeit, der Kinder, der Natur stehen ganz weit hinten und am Ende gefährden wir mit dieser Einseitigkeit die Weiterexistenz des Ganzen.

Die große Chance liegt nun darin, die Grundschwingung zu verändern. Und genau daran arbeiten immer mehr Menschen heute weltweit. Ob sie zu bestimmten Zeiten jede Woche eine Mitgefühlsmeditation für Mensch und Natur machen, ob sie daran arbeiten, ihre Gefühlswelt zu klären und aggressive Gedankenmuster aufzulösen, ob sie für Umweltinitiativen Aufklärung leisten und Unterschriften sammeln – mit all dem heben sie die Schwingung der Menschen in Richtung Achtsamkeit und Liebe an. Stück für Stück verändern sie die Welt – jeder für sich und alle gemeinsam. Es mag angesichts von so viel Unrecht und Gewalt in der Welt aussichtslos wirken – und doch ist es etwas, was wirkt. Denn es wandelt das Bewusstsein von immer mehr Menschen, die aus diesem neuen Bewusstsein heraus dann auch neu denken, empfinden und handeln. Es ist ein Gegengewicht zu Unsinn, Unachtsamkeit und Unbewusstheit, das irgendwann zum Übergewicht werden kann, das alles kippen lässt. Wie es die Theorie der morphischen Felder beschreibt: Irgendwann ist eine kritische Masse erreicht und dann richten sich alle am neu entstandenen Feld aus und wandeln damit das Gesicht der Welt.

Neben dieser Zielorientierung birgt diese Betrachtungsweise noch ein weiteres, nicht zu unterschätzendes Geschenk: Sofort, überall und ohne irgendwelche äußere Unterstützung kann jeder Mensch beginnen, das Feld zu stärken, in dem er leben möchte. Wer Achtsamkeit will, kann achtsam leben. Wer Liebe will, kann liebevoll zu sich selbst und zu anderen sein. Wer einen fürsorglichen Umgang mit der Natur will, kann ihn selbst leben. Sofort und in allem, was er tut, wie er spricht, wie er einkauft, wie er Entscheidungen trifft. Darin liegt eine große Entspannung: Wir können etwas tun. Und es wird seine Wirkung entfalten.

DIE BLUME DES MONATS JULI

Die Rose ist eine Königin. Mit der Größe dieser Begleiterin findest auch du in deine wahre Größe hinein und in das **Zentrum deiner Macht:** in dein Inneres. Sie lehrt dich die großen Zusammenhänge und versichert dir, dass es keine Zufälle gibt, denn: Alles ist mit allem verbunden. Alles wirkt auf alles andere ein. So wie eine Königin über ihr Reich herrscht, so herrschen die Gesetze des großen Ganzen über dein Leben. Die Rose lehrt dich, diese Gesetze zu kennen, zu schätzen und sinnvoll zu nutzen. Durch ihre Kraft weißt du, dass du immer ein Teil des göttlichen Netzes und mit allem Leben verbunden bist.

In ihrer Gestalt als wilde Heckenrose vereint diese Kraftblume Einfachheit und Eleganz. Wirkt ihr zauberhafter Duft in dein Leben hinein, bekommt deine **Ausstrahlung** mehr Authentizität und zugleich neuen Glanz. Anmut und Schönheit liegen in ihrer Einfachheit. Nicht das Extravagante besticht, sondern die Würde, die Ausstrahlung, die Bescheidenheit. Das Geheimnis wahrhaftiger Größe und Erhabenheit liegt darin, das Einfache, Unmittelbare und darin Liebevolle zu würdigen.

So ist die Rose deine beste Begleiterin, um **ungeahnte Schätze** zu entdecken. Mit ihr findest du das Schöne und Gute nicht in der Ferne, sondern ganz nah in deinem Umfeld und nicht zuletzt in dir selbst. Die Wildrose lädt dich ein, deine Aufmerksamkeit auf die kleinen, scheinbar gewöhnlichen Dinge im Leben zu richten und ihr Geheimnis zu ergründen.

WAS WAR IM JULI GUT?

Ob das Gefühl der Sonne auf der Haut, das Kind, das schwimmen lernte, oder ein geglückter Friedensprozess in der Firma oder in der Politik: Was lief im Juli gut? Was gestaltete sich besser, als du es erwartet hattest? Was öffnete dein Herz und beschenkte dich mit einer wertvollen Erkenntnis?

AUGUST

Spätsommer. Die Hoch-Zeit des Sommers ist vorbei. Doch noch verwöhnt uns die Natur mit Wärme und viel Licht, mit Düften und Blütenpracht. Auf den Feldern und in den Gärten bereitet sich die Ernte vor.

IMPULSE AUS DEM MEDITATIONSBILD

Heiß kann es werden in dieser Zeit. Heiß und trocken – wie auf dem Bild eine Seite zuvor. Welche Assoziationen weckt es in dir, wenn du dich ein wenig auf die Betrachtung einlässt?

Trocken ist die Düne – und ist doch die Grenze zum Meer. Ahnst du es hinter diesem Hügel? Was verbirgt sich in dir, wenn man nicht beim ersten Eindruck stehen bleibt?

....

Den Möwen gehören beide Welten: das Meer und die Düne. Wo bist du ein Wanderer zwischen den Welten? Wo verbindest du Dinge, weil du beide Seiten verstehst?

....

Der Wind schreibt Zeichen in den Sand. Was sagen sie dir? Wovon spricht er zu dir, dieser uralte Bote des Elementes Luft? Und: Was antwortest du ihm?

....

WAS IST DIR JETZT WICHTIG?

Ob du in den Ferien bist oder im Alltag: Was ist dir derzeit wesentlich? Was ist in deinen Gedanken Gesprächsthema Nummer eins und was bewegt dein Herz? Nutze diese Seite, um dir darüber klarer zu werden, was dich beschäftigt und inspiriert und was dein Leben gerade ausmacht.

ZWISCHENWELTENWISSEN

So sehr sich die Natur auch verändert (und evolutionär gesehen immer verändert hat), so ist sie doch eine Konstante in unserem Leben, die uns Rat und Orientierung geben kann. Durch diesen Jahresbegleiter, in dem du gerade liest, werden dir beispielsweise die Jahreszeiten in ihren Grundqualitäten deutlicher bewusst. Der fortwährende Wechsel dieser vier Grundschwingungen, wie er sich in unseren Breiten wieder und wieder vollzieht, so lange wir leben, zeigt uns nicht nur den typischen Ablauf eines Jahres. Er steht auch für den gesunden Ablauf verschiedener Phasen, wie sie in unserem Leben, in unseren Beziehungen, in unseren Projekten und vielem anderen wirksam sind. Es beginnt immer mit einer Idee, der Initialzündung, dem Impuls, der das Ganze ins Rollen bringt (Frühling). Dann folgt die Phase der Aktivität, des intensiven Austauschs, der Produktivität (Sommer). Es folgt die Zeit der Rückschau, der Ernte, des Prüfens und Nachfühlens (Herbst). Und es schließt sich die Stille, die Ruhe, das Nicht-mehr-Dransein an (Winter), bevor eventuell eine neue Runde oder ein neues Vorhaben, eine neue Beziehung beginnt (Frühling).

Genau diese Phasen durchläuft auch jeder Tag mit seinem Morgen, dem Mittag, dem Abend und der Nacht. Daher ist uns dieser Grundrhythmus tief in Fleisch und Blut verankert und wir tun gut daran, ihn auch bewusst zu leben. Denn gefährdet wird er von unserer aktuellen Alles-ist-(scheinbar)-möglich-und-das-jederzeit-Gesellschaft, die sich weder um die biologischen Rhythmen des Menschen noch um die der Natur schert. Dass Erschöpfung, Depression und Umweltzerstörung daraus resultieren, ist kein Geheimnis. Doch mit ein wenig Wissen um diese größeren Zusammenhänge können wir uns immer an die Natur als Ratgeberin wenden und von ihr lernen, was auch der eigenen Natur dienlich ist und was nicht. Dass es nicht immer einfach ist, die entsprechenden Botschaften konsequent umzusetzen, ist wahr. Dennoch ist es ein Weg, der uns Kraft und immer neue Klarheit geben kann, mit denen wir dann auch wieder andere positiv anstecken können. Auch das etabliert ein Feld des wirklichen Wohlergehens (siehe Seite 70).

Die Natur als Ratgeberin

Auch über die Rhythmen des Lebens hinaus kannst du die Natur um Rat bitten und auf diese Weise wie nebenbei die Beziehung zwischen Mensch und Natur zu heilen helfen. Im Zwischenweltenwissen vom Juni war es schon darum gegangen, dich bewusst zu erden (und zu himmeln) und dabei auch Botschaften von der Erde zu erbitten. Dies kannst du auch in der Natur machen, indem du mit einem Baum, einem Bach oder See, einem Berg oder einer Landschaft Kontakt aufnimmst und um einen Rat bittest. Heute besinnen sich immer mehr Menschen auf solche Arten des Miteinander von Mensch und Natur, das letztlich ganz natürlich ist. Wir teilen uns schließlich den Lebensraum und sind gleichsam Kinder der einen Mutter Erde. Es braucht etwas Feingefühl, um die Beziehung zu einem Naturwesen zu erspüren und seine »Worte« zu vernehmen und richtig zu deuten. Und es braucht auch unsere Akzeptanz, wenn dieses Baum- oder Felswesen nicht mit uns sprechen möchte. Meist aber lassen sich die Wesen der Natur gern auf uns ein und freuen sich über unseren Dank und unsere Unterstützung, die wir ihnen ebenfalls anbieten können.

DIE BLUME DES MONATS AUGUST

Wenn dich das Vergissmeinnicht begleitet, erfreut es dich mit dem wertschätzenden Geist des **liebevollen Miteinanders.** Gemeinsame Freude mit anderen Menschen wird immer mehr Raum in deinem Leben einnehmen. Diese bescheidene, strahlend blaue Blume zeigt sich mit vielen kleinen Blütenköpfchen, die immer zusammengehören. Nie trifft man in der Natur auf eine einzelne Blüte, es findet sich immer ein kleines Sträußchen. Und so schenkt es auch dir die Gabe der Begegnung und begleitet dich zu Menschen, die in Lebendigkeit und Freude mit dir zusammen sein wollen. Mit dem Vergissmeinnicht machst du dich auf den **Weg der Verbundenheit,** die auf dem tiefen Wissen beruht, dass wir alle auf irgendeine Weise zusammengehören und dass wir es uns alle leichter machen, wenn wir unser Handeln und Wirken aufeinander abstimmen.

Mit dem Vergissmeinnicht hast du eine Kraftblume, die dich auch zu dir selbst führt. Es gibt Phasen, da ist es notwendig und sinnvoll, sich zurückzuziehen, um vermehrt den Bewegungen im Inneren Raum zu geben. Du lauschst, was aus der **Tiefe deiner Seele** nach oben kommen will. Die vielen kleinen Augen des Vergissmeinnichts mit ihren weißen und gelben Sternen in der Mitte erzählen dir aus deinem Leben. Vielleicht gibt es dabei Geschichten, die du nicht so gern magst, die akzeptiere. Und schick sie weiter. Lausche denen, die an deine Einzigartigkeit erinnern.

WAS WAR IM AUGUST GUT?

In einem herrlichen Sommer ist es leicht, das Gute am Leben zu sehen. Doch auch wenn es regnet und der Badeausflug ins Wasser fällt – was ist gut? Was erfreut dich? Was macht dich dankbar und zufrieden? Schau dich um in deiner Welt und im Monat August, womit kannst, womit willst du diese Seite füllen?

....

....

....

....

....

....

....

....

....

....

....

HERBST

ZEIT VON ERNTE UND BESINNUNG

Wenn die Tage spürbar kürzer werden, zieht der Herbst ein. Abnehmen tun die hellen Stunden ja bereits seit der Sommersonnwende am 21. Juni. Jetzt aber wird es stärker spürbar – und ab der Herbst-Tag-und-Nacht-Gleiche am 21. September gibt es wieder weniger Tages- als Nachtstunden. Wunderschönes Licht kann uns der Herbst dabei schenken – die Welt ist golden vom verfärbten Laub, erhellt von der tief stehenden Sonne, deren Strahlen uns jetzt besonders kostbar erscheinen. Nach und nach aber gewöhnt er uns auch wieder an Nebel und Regen, einen verhangenen Himmel und viel Grau.

Es ist die Zeit des allmählichen Rückzugs nach innen. Es ist der »Abend des Jahres«, an dem wir zurückschauen auf das, was gewesen ist. Wir prüfen die Ernte – äußerlich und innerlich – und bereiten uns nach und nach auf den Winter vor. In den bäuerlichen Traditionen war das natürlich ungleich wichtiger als für die meisten von uns heute. Was beim Bauern im Spätherbst nicht in Scheune oder Silo, Keller oder Einmachglas war, fehlte im kalten Winter, in dem nichts Neues wuchs.

Doch bis heute tun wir gut daran, ein wenig in diesem Rhythmus zu bleiben und nicht einfach so weiterzumachen wie im hochaktiven Sommer, der die Natur unserer Zeit geworden zu sein scheint. Wir tun gut daran, im Herbst ein wenig zur Besinnung zu kommen, zu schauen, was uns das Jahr gebracht hat und wieder vermehrt auf uns selbst zu lauschen, auf die Gefühlswelt, die jetzt lauter rufen mag. Nicht von ungefähr ist der Herbst auch die Zeit des Totengedenkens und ganz allgemein der Dankbarkeit: für unsere Ahnen und für die Geschenke, die uns Natur und Familie gegeben haben.

So hat jedes Viertel des Kreises seine eigenen Qualitäten – und nur wenn sie alle in einem möglichst ausgeglichenen Verhältnis gelebt werden, wird das Rad rund. Nur wenn wir im Herbst beginnen, mehr nach innen zu schauen und zu reflektieren, zu sortieren, zu durchfühlen und uns so auf den Winter einzustimmen, kann es im nächsten Frühling wieder ein kraftvolles Erwachen und einen gelungenen Neustart geben.

IMPULSE AUS DEM MEDITATIONSBILD

Das Bild auf den beiden Seiten zuvor unterstützt dich dabei, ganz in die Schwingung des Herbstes einzutauchen und mit seiner Stimmung und seinen Qualitäten zu meditieren. Hier auf dieser Seite kannst du festhalten, was dabei in dir an Erkenntnissen oder Ideen aufsteigt. Das Bild lädt dich ein, immer dann in seine Energie einzutauchen, wenn dir im Laufe des Herbstes danach ist. Und auch später im Jahr, wenn dir ein bisschen Herbst- und Innehaltensstimmung guttun könnte.

Kühle Luft zieht heran, frischer
Wind klart auf, Vögel + Tiere
in Action, buntes Herbstlaub, goldene
Sonne

DEIN HERBSTRITUAL

Dankbarkeit ist etwas, was uns und dem Adressaten des Danks immer guttut und was ganz unbedingt zum Herbst gehört. Nicht nur beim Erntedank wird das deutlich. Sehr vieles liegt im Herbst für dieses Jahr schon hinter uns, die Natur zieht sich wieder zurück – und wir können dankbar auf das schauen, was wir an Gaben, Erfahrungen und Erkenntnissen erhalten haben.

Mit diesem Ritual kannst du deine Dankbarkeit hinausfließen lassen in die Welt. Beginne im September damit, dir all das bewusst zu machen und aufzuschreiben, was du »geerntet« hast – in diesem Jahr und in deinem bisherigen Leben. Notiere dir, was alles gut gegangen ist und was das Leben dir geschenkt hat. Das können Lieben und Weggefährten sein, die in dein Leben kamen, ein schönes Lebensumfeld, das dir Wohlbefinden und Kraft gibt. Es können Potenziale sein, die du in dir findest und die du bereits entfalten durftest. Genauso auch Situationen, die dir nicht so leicht erschienen und die du dann doch gut gemeistert hast. Schreib all diese Dinge auf lose Blätter und lass dazwischen immer etwas Platz, sodass du sie später gut zerschnei-

den kannst. Du kannst dir dafür den September und wenn du magst auch den Oktober über Zeit lassen. Setz dir vielleicht einen wöchentlichen Termin oder geh mit den Mondphasen, um jede Woche deine Dankbarkeit zu spüren und zu erweitern.

Wenn du dann merkst, dass du alles aufgeschrieben hast, setz dir einen Tag für das Ritual fest, an dem du deine Dankbarkeit in die Welt hinausfließen lässt. Begib dich an diesem Tag in der Abenddämmerung zu einem Bach oder Fluss. Begrüße das Wasser und stimme dich darauf ein. Lies dir dann selbst die Dinge vor, für die du dankbar bist. Lies sie dabei auch dem Wasser vor und gib sie ihm mit auf seine Reise. Spüre jeden einzelnen Punkt und fühle die Dankbarkeit in dir. Sei gewiss, Dankbarkeit breitet sich aus. Wasser folgt immer der Schwerkraft und fließt unermüdlich weiter. Ein kleiner Bach mündet in den Fluss und der fließt durch das Land, vereint sich mit anderen Flüssen, wird immer stärker und breiter, bis er das Meer erreicht. Und auch dort endet die Reise nicht. Wasser verdampft, es bilden sich Wolken und dann fällt das Wasser als Regen wieder zur Erde. Stell dir vor, wie deine Dankbarkeit mit dem Wasser mitfließt und so den Kreislauf des Lebens stärkt. Stell dir vor, wie sie eines Tages im Regen enthalten sein wird, der Wälder, Felder und Gärten benetzt und so mit der schönen Schwingung der Dankbarkeit berührt.

Während du dort am Wasser stehst, kannst du ihm alles anvertrauen, was du transformiert und ins Fließen gebracht haben möchtest. Lass es auch Schweres wegspülen, das du in dir trägst. Wenn du dich mit der Tiefe des Wassers verbindest, bist du auch mit deiner eigenen Seelentiefe verbunden, die durch die Dankgefühle ins Fließen kommt.

Bedanke dich bei der Kraft des Wassers und schließe das Ritual ab. Deine Dankbarkeit hat ihren Weg hinaus in die Welt begonnen. In den Tagen nach dem Ritual kannst du von deiner Liste täglich einen deiner Dankesgedanken abschneiden und dir vorstellen, wie diese Ernte, diese Geschenke im Kreislauf des Lebens mitschwingen. Heb die Zettelchen auf, du kannst sie beim Winterritual mitverbrennen, wenn du willst.

WAS TUT DIR IM HERBST GUT?

Wenn sich die Natur allmählich von Überschwang und Wärme verabschiedet, locken auch uns ganz andere Aktivitäten. Und vielleicht auch wieder mehr ruhige und reflexive Momente. Was ist es, was du im Herbst besonders gern tust und nicht verpassen willst? Sich einmal vom Sturm zerzausen lassen? Mit den Kindern Eicheln und Kastanien sammeln, um daraus gemütlich zu Hause Männchen und Tiere zu basteln? Das Dankesritual für all das, was dir das Jahr bereits geschenkt hat? Was lässt dich im Herbst erfüllt sein?

WAS WILL GEWÜRDIGT SEIN?

Der Herbst ruft uns allmählich nach innen. Vielleicht möchtest du in diesen drei Monaten auf das Jahr und dein bisheriges Leben zurückschauen. Was möchte noch einmal gesehen, gewürdigt, vielleicht gefeiert werden? Ganz gleich, ob es etwas ist, das dich weiter begleiten wird, oder etwas, das sich nun verabschieden kann oder längst verabschiedet hat: Woran möchtest du noch einmal voller Wertschätzung denken? Es können rundum positive Erfahrungen sein oder solche, die ihre Schönheiten erst später offenbarten.

....

....

....

....

....

....

....

....

....

....

SEPTEMBER

Herbstbeginn. Tag-und-Nacht-Gleiche am 21. September. Während die Ernte des Jahres dankbar in die Speicher eingebracht wird, kippt die Waage langsam zugunsten der Dunkelheit: Die Nächte werden allmählich wieder länger als die Tage.

IMPULSE AUS DEM MEDITATIONSBILD

Der September lockt uns hinaus in die nicht mehr ganz so heiße Natur. Und er beschenkt uns mit vielen süßen, nahrhaften Früchten. Was verbindest du mit ihm? Auch beim Betrachten des Bildes eine Seite zuvor?

Schon etwas tiefer steht die Sonne. Wie empfindest du ihr Licht, das alles Leben auf der Erde erst ermöglicht? Und wie wandelt sich dein Strahlen über die Zeit?

....

Durch lila blühende Heidewiesen gehen, was für ein Genuss! Wie würdest du dich fühlen an der Stelle dieser Frau? Was wäre dein Impuls in dieser Landschaft?

....

Der Hase gilt als Symbol der Fruchtbarkeit. Welche Früchte hat dein Leben schon hervorgebracht? Und welche reifen noch in dir in den unterschiedlichen Stadien?

....

WAS IST DIR JETZT WICHTIG?

Wie fühlt es sich an, dein kostbares Leben? Was beschäftigt dich, was treibt dich um? Nutze diese Seite und notiere dir, was dir gerade wesentlich ist. Aufschreiben ist ein sehr effektiver Weg, sich die Dinge bewusst zu machen, die man sonst leicht übersehen und übergangen hätte.

....

....

....

....

....

....

....

....

....

....

ZWISCHENWELTENWISSEN

So wie Hell und Dunkel, Tag und Nacht, Sommer und Winter unverbrüchlich zusammengehören, so werden auch Geben und Nehmen vom Gesetz des Ausgleichs zusammengeschweißt. Das eine funktioniert nicht ohne das andere – am Ende braucht es den Ausgleich, braucht es die Balance. Nur dann ist nicht zuletzt auch Nachhaltigkeit möglich, die wir für unsere Zukunft so dringend brauchen. Schauen wir uns das genauer an.

Geben und Nehmen

Ungleichgewichte können hier die unterschiedlichsten Gesichter haben. Viele Menschen geben scheinbar ständig, nehmen aber nicht gern etwas an. »Ach, das ist doch nicht nötig«, sagen sie und wehren selbst die kleinsten Gaben oder Unterstützungsangebote ab. Sie erschöpfen damit auf Dauer nicht nur ihre eigene Energie, sondern machen es auch den anderen schwer. Wenn diese keine Chance bekommen, etwas zurückzugeben, geraten sie in eine Schuld. Das Ganze ist nicht ausgeglichen – und beide Seiten leiden darunter.

Geben ist genauso wichtig wie Nehmen – für den eigenen Energiehaushalt wie für den aller anderen Beteiligten und den des Ganzen. Es muss nicht in »gleicher Münze« zurückgegeben werden. Schon ein ehrlich formulierter Dank und Worte der Wertschätzung können manchmal eine Gabe oder Tat ausgleichen. Es ist für die typischen »Lass mal, ich mach das schon«-Menschen wichtig, einem anderen die Möglichkeit zu lassen, seine Wertschätzung und Dankbarkeit auszudrücken und eine Gegenleistung zu geben.

Dass es umgekehrt nicht stimmig ist, immer nur zu nehmen und zu fordern, versteht sich ebenso. Wer so lebt, ist meist von großer Unzufriedenheit geplagt, einfach weil es nicht stimmig ist und er seine eigenen Kräfte, die etwas zu geben und beizutragen haben, ignoriert.

Wie ist das im Großen? Die Erde gibt uns reichlich und verlangt nichts dafür. Wir machen es rund, wenn wir ihre Gaben dankbar annehmen, die Natur schätzen und pflegen und wenn wir im besten Sinne nach unserer

Aufgabe im kosmischen Spiel suchen und sie erfüllen. Eben zum Beispiel, indem wir bewusst zu Mittlern zwischen Himmel und Erde werden (siehe Seite 62).

Leider sind wir kollektiv zunehmend in ein Habenwollen ohne Gebenwollen geraten. Nicht nur der Erde gegenüber, die wir mit rücksichtslosen Technologien ausbeuten, auch uns selbst gegenüber. Konsum ist in unserer Gesellschaftsform absurderweise ein hohes Gut und für viele ein Hobby. Vor allem für Menschen, die sich freuen, ständig etwas »spottbillig« zu bekommen. Hier stimmt die Wertigkeit nicht: viel haben und wenig geben wollen. Das kann nur auf Kosten anderer funktionieren und damit erzeugt es Schuld und Ungleichgewicht. Die Balance stimmt nicht – und wer in sich hineinspürt, merkt das auch. Die so erworbenen Dinge machen weder satt noch zufrieden oder glücklich. Und halten tun sie meist auch nicht lang, sodass sie obendrein sinnlos die Umwelt belasten. Letztlich ist so etwas nur möglich, wenn man nicht »bei sich« ist. Wer spürt, wer sich informiert, versucht, im Sinne des großen Ganzen zu handeln.

Nachhaltigkeit, eines der großen Schlagwörter unserer Zeit, bedeutet auch einen Ausgleich im Geben und Nehmen zwischen den Menschen, die produzieren, und denen, die konsumieren. Es bedeutet einen Ausgleich zwischen Mensch und Natur. Und für diesen Ausgleich können wir nur immer wieder selbst sorgen – wo immer es uns möglich ist: im Austausch mit unseren Lieben und den Kollegen, beim Einkaufen, in allen Entscheidungen, die wir zu treffen haben. Spür einmal nach, wie es sich anfühlt, etwas zurückzugeben. Eine Ware in Wertschätzung für alle an der Produktion Beteiligten zu erwerben. Selbst für eine Leistung etwas zu bekommen. Spür dem nach und passe deine Entscheidungen nach und nach dem an, wie es sich gut anfühlt. Wir alle tragen den Kompass für Stimmigkeit in uns. Das Gesetz des Ausgleichs ist tief in uns verankert. Wir müssen nur hinspüren.

DIE BLUME DES MONATS SEPTEMBER

Mit dem Enzian hast du einen Verbündeten, der dich in die Tiefe führt. Hoch oben in den Bergen angesiedelt, muss er **tiefe Wurzeln** bilden, um Fuß fassen zu können auf den teilweise kargen Böden. So ruft er dich auf, dich gut zu erden und auch an deine Wurzeln zu denken. Mit ihm spürst du dich sicher auf dem Boden der Tatsachen und kannst erkennen, wo du zu viel an Ballast mit dir herumträgst. Das kann bedeuten, dass du auszusortieren beginnst, was du nicht mehr brauchst. Der Enzian hilft dir dabei auch, Sorgen und Nöte zurückzulassen, Ängste und Kummer, die dich nur bremsen. Befreit davon spürst du neu deine Kraft.

Er hilft dir zu überdenken, was wirklich von Wert und Bedeutung ist, was wichtig und wesentlich ist. Der Enzian ruft dich hinauf in die Bergwelten, wo nur sehr hartnäckige Blumen überleben können. Er lehrt dich, deine **Kraft gut einzuteilen**, und unterstützt dich darin, dich von allen bloßen Oberflächlichkeiten zu befreien. Mit ihm entdeckst du die Wahrheit und die Botschaft deines Hierseins auf Erden.

Als dein Begleiter in fordernden Lebensphasen zeigt dir der Enzian, wie du auch in deinem Inneren tiefe Wurzeln ausbildest, damit du selbst **im Sturm zentriert bleiben** und in dir ruhen kannst. So kann mit seiner Unterstützung die Gewissheit in dir wachsen, dass du aus sicheren Quellen immer gut genährt sein wirst.

WAS WAR IM SEPTEMBER GUT?

Viele, die regelmäßig notieren, was gut lief und was sie freut, bemerken, dass ihre Grundhaltung im Leben dabei immer positiver wird. Und dass sie viel mehr Schönes erleben, denn ihr Fokus hat sich gewandelt. Probier es selbst aus. Nutze diese Seite und schreib dir auf, was im September gut war, was dich berührte und erfüllte.

....

....

....

....

....

....

....

....

....

....

....

OKTOBER

Herbstgold. Langsam stimmt uns die Natur auf die kühlere, dunklere Zeit ein. Sonne und Wolken, Wind und zunehmende Kälte. Unser Leben verzieht sich wieder mehr in die Häuser, während der Herbst die letzten prächtigen Farben des Jahres an die Bäume malt.

IMPULSE AUS DEM MEDITATIONSBILD

Golden zeigt sich der Oktober gern, wenn uns die Sonne mit den letzten wärmenden Strahlen des Jahres verwöhnt. Ganz im Moment sein heißt, auch das Wetter so annehmen, wie es gerade ist. Der Zauberwald auf dem Bild von Seite 98 macht das leicht. Was bewegt er in dir?

Plätschernd, strömend folgt das Wasser seinem Lauf. Wo empfindest du dich ganz im Fluss des Lebens? Wo strömen deine Kräfte stark und sicher dahin?

....

Der Hirsch ist kaum zu erkennen im Wald und doch nicht aus ihm wegzudenken. Welche Dinge in deinem Alltag übersiehst du leicht, obwohl sie ganz und gar dazugehören?

....

Als giftig gelten sie und als magisch: Fliegenpilze. Gibt es so etwas auch in deinem Leben? Etwas, das sich als gefährlich zeigt, aber doch schön und geheimnisvoll ist.

....

WAS IST DIR JETZT WICHTIG?

Vor lauter Alltag sehen wir oftmals das Leben nicht mehr. Seine Bedeutsamkeit scheint dann zu schwinden. Doch sie ist weiterhin da. Wenn du dir etwas Zeit nimmst, ihr nachzuspüren – was zeigt sich dir? Was ist dir wichtig? Was macht das Leben für dich groß und sinnhaft – derzeit in diesem Monat? Und auch im Kleinen: Was bewegt dich? Und was bewegt sich in dir?

ZWISCHENWELTENWISSEN

Ein Mensch allein ist nicht lebensfähig. Selbst Franziska, die das Für-sich-Sein sehr schätzt, betont in ihrem Buch »21 Gründe, das Alleinsein zu lieben«, dass gelingendes Alleinsein immer die Verbundenheit mit anderen braucht. Und dass diese Verbundenheit die vielfältigsten Formen annehmen kann und weit über Partnerschaft und auch über Freundschaft hinausgehen kann. Es ist das Gefühl des Eingebundenseins, das wir brauchen und das uns nicht nur Halt, sondern auch Sinn im Leben gibt.

Die traditionellen Formen dafür tragen heute kaum noch – Großfamilie, Ehe auf Lebenszeit, Dorfgemeinschaft. Doch es gibt viele kreative neue Formen, sich mit anderen zusammenzutun – und damit meinen wir nicht unbedingt die virtuellen »Freunde«.

Vernetzung

Vera geriet kürzlich mitten in der Stadt in einen Junggesellinnenabschied und wurde von der Braut gefragt, was das Wichtigste im Leben sei. Ohne lange zu überlegen sagte sie: »Das Wichtigste sind Freundinnen. Auch wenn du deinen zukünftigen Mann sehr liebst, pflege deine Freundschaften. Durch Krisen tragen dich vor allem deine Freundinnen, und das lebenslang.«

Ja, Freundinnen bleiben. Weggefährten bleiben, Menschen, mit denen wir auf einer Wellenlänge schwingen, gemeinsame Ziele verfolgen und einen ähnlichen Wandel in der Welt anstreben. Menschen, die uns kennen, unsere Höhen und Tiefen miterleben, die uns schon mal halfen und wir ihnen und die uns auch die Meinung sagen. Sie sind unser Spiegel, in den wir schauen, um zu erfahren, wo wir stehen und ob wir noch auf dem Weg sind, der für uns stimmig ist. Mit ihnen entwickeln wir uns weiter, statt immer nur einer Meinung zu sein und damit im Stillstand. Heute tragen diese Freundschaften neben den Familien ganz wesentlich zu den Gemeinschaften bei, die uns Menschen tragen.

Ein Zusammenhalt unter den Menschen war in traditionellen Gemeinschaften immer enorm wichtig und es war eine der Aufgaben des Schamanen, diese Netze zu prüfen und wiederherzustellen, wenn sie Löcher bekamen. Er führte Rituale durch, sobald Einzelne das Ganze gefährdeten.

So lebenswichtig scheinen uns Gemeinschaften heute nicht mehr zu sein – und doch sind sie es. Gerade die anstehenden Aufgaben, vor denen wir als Menschen heute stehen, können wir nur gemeinsam bewältigen. Mit einem uns einenden, friedvoll dem Ganzen verpflichteten Bewusstsein. Mit einem Verständnis der Welt als einem Boot, in dem wir alle gemeinsam sitzen. Und ein solches Netzwerk von lebensdienlich wirkenden Menschen – das kann sich auch virtuell ausbreiten und verdichten.

DIE BLUME DES MONATS OKTOBER

Die Margerite bringt dich in Kontakt mit dem, was tief in dir schlummert. Hast du es gefunden und ausgiebig erforscht, kann es nach außen leuchten, so wie es der gelbe Blütenstand und die weißen Blütenblätter dieser schönen Blume tun. Sie zeigt sich der Welt. Wenn die Margerite deine Begleiterin ist, so ist sie dir eine **Brücke zwischen innen und außen**.

Nach außen hin lässt sie dich deine Umgebung erhellen. Als deine Kraftblume hilft sie dir in die **Sichtbarkeit**, so wie man sie mit ihrer Strahlkraft gut wahrnehmen kann. Ein solches Strahlen braucht aber ein intaktes Zentrum, von dem aus sich die Stärke entfalten kann. Nach innen bereichert sie dich daher mit dem Zugang zu deinem inneren Kind und zu deinem Herzen. Dort findest du die Quellen deiner Lebensfreude und deiner Kraft, zugleich aber auch die Erinnerung an die Schatten, die dich über die Zeit hinweg zu deiner Blüte gebracht haben, zu dem, was du heute bist. Immer neu kannst du als Mensch den Weg aus dem tiefen Urgrund zu deinem strahlenden Licht gehen. Was für ein Trost in schwierigen Zeiten! Diese Wandlung von innen nach außen ist das Geschenk der Margerite. Sie hilft dir, alles, was schwer war oder ist, in warme herzensvolle Kraft zu verwandeln, die auch anderen leuchtet. Als **Tröstering** schenkt sie dir die Gabe, dich anderer anzunehmen, ohne dich selbst zu verlieren. Da du um deine Tiefe weißt und auch um den Weg, den du gegangen bist, kannst du heute mit all deiner Klarheit in der Welt präsent sein.

WAS WAR IM OKTOBER GUT?

Viele Weisheitslehrer sprechen davon: Die Dinge sind, wie sie sind. Wenn wir erfüllt und zufrieden leben wollen, kommt es darauf an, wie wir sie betrachten. Am besten nämlich konstruktiv und im Hinblick darauf, was an ihnen gut und hilfreich ist. Wie ist das bei dir in diesem Oktober? Was hat dich positiv berührt, vielleicht sogar überrascht? Was war gut?

....

....

....

....

....

....

....

....

....

....

....

NOVEMBER

Besinnung. Sprichwörtlich grau ist es jetzt. Dichte Wolken machen unsere Welt enger, stürmischer Wind bedrängt sie zudem. Früh ist es dunkel. Es zieht uns nach innen: Rückschau aufs Jahr, Ruhe im Verarbeiten des Gewesenen.

IMPULSE AUS DEM MEDITATIONSBILD

Mystisch kann er sein, der November, wenn die Konturen der Welt im Nebel verschwimmen und sich die Krähen am abendlichen Himmel versammeln. Wie erlebst du ihn, auch mit Blick auf das Bild eine Seite zuvor?

Geheimnisvoll und stark: So sahen unsere Vorfahren die Rabenvögel. Was siehst du in ihnen? Das Dunkel oder die beeindruckende Klugheit und mythische Weisheit?

Der Stein trägt ein Zeichen. Was sagt es dir? Legt es dir seine Bedeutung offen? Welche Symbole tragen dich? Welche Geheimnisse verbinden dich mit deinen Lieben?

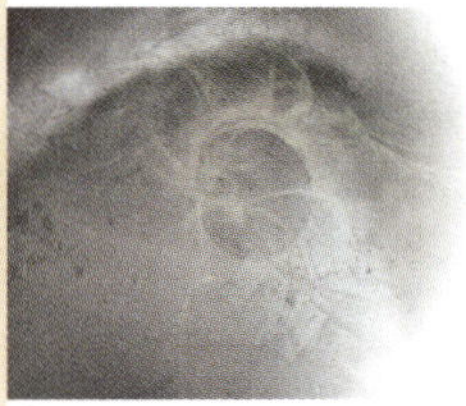

Erkennst du das Auge am wolkigen Himmel? Das Auge des Sturms? Das Auge eines Ahnen? Das Auge Gottes? Was könnte es bedeuten? Wie schaut es auf die Welt?

WAS IST DIR JETZT WICHTIG?

Woran erkennen wir, was für uns im Leben bedeutsam ist? Es muss wohl das sein, womit wir uns sehr viel von unserer Zeit befassen. Es so zu betrachten macht auch deutlich, wenn es nicht mehr stimmt: Wir beschäftigen uns nicht mit dem wirklich Wichtigen. Dann steht ein Wandel an. Wie ist es bei dir? Was bewegt dich derzeit? Was nimmt bei dir Raum ein? Und inwieweit ist das für dich stimmig?

Es gibt eine Kraftquelle und eine unendliche Fülle an Potenzial, die wir uns hinter einem jeden Menschen vorstellen können. Was das sein könnte? Es ist das Feld all seiner Ahninnen und Ahnen, die hinter ihm stehen und ihn stützen.

Frage dich einmal, was du deinen Enkeln und Urenkeln (unabhängig davon, ob sie je leiblich existieren werden oder nicht) von Herzen wünschen würdest. Wenn Vera in ihren Seminaren dazu anregt, kommen ausschließlich positive Antworten: Frieden, Gesundheit, ein glückliches Leben, eine intakte Umwelt, eine freundliche Gesellschaft … Und dann sagt sie, dass unsere Ahnen genau dies garantiert auch für uns wollten. Sie hatten vielleicht andere Vorstellungen von dem, was für uns gut sein könnte. Doch in der Tiefe ihres Herzens wollten sie nur das Beste für die, die nach ihnen kommen.

Die Kraft der Ahnen

Die entscheidende Frage, um das Feld der Ahnen als kraftvoll und nährend hinter sich zu wissen, ist: Wer hätten deine Ahnen sein können, wenn es kein schweres Schicksal gegeben hätte? Wenn sie ganz und gar die hätten sein können, als die sie gedacht waren. Wenn ihnen kein Krieg, keine Gewalt, kein Elend verwehrt hätte, die zu sein, die sie in der Seelentiefe sein wollten? Spür dem einmal nach. Viele erleben schon mit dieser Frage einen ganz neuen Blick auf ihre Vorfahren und erhalten einen ersten Schimmer der Kraft, die in diesen vielen, vielen Menschen, die vor ihnen waren, schlummert und die von Generation zu Generation weitergegeben wird. Und so ist diese Frage auch ein wesentlicher Ausgangspunkt für Veras Buch »Eine Reise zu den Ahnen«, in dem sie Heilwege zu dieser versammelten Ahnenkraft vorstellt.

Wenn du dich mit der Ahnenkraft verbinden möchtest, kannst du dies auch über den spirituellen Ahnen tun, wie wir alle ihn in unserer geistigen Begleitmannschaft haben. Du kannst ihn auf einer Fantasiereise kennenlernen: Nimm dir dazu etwas Zeit, sorge dafür, dass du ungestört bist, und setz dich bequem hin. Schließe die Augen und stell dir vor, dass du durch eine Landschaft gehst, die dir rundum gut gefällt. Wiesen sind da, Bäume säumen den Weg, Vögel singen, die Sonne lacht. Nachdem du durch ein Waldstück gegangen bist, kommst du auf eine helle, einladende Lichtung. Ein alter freundlicher Baum steht dort und davor ist eine Bank. Du setzt dich, genießt die Ruhe und weißt, dass du hier deinen spirituellen Ahnen oder deine spirituelle Ahnin treffen wirst.

Also sendest du die Bitte aus, dass dich dieser wohlmeinende Begleiter zeigen möge. Du wartest etwas und nimmst schließlich eine helle Gestalt wahr, die langsam näherkommt. Nach und nach erkennst du dieses Wesen: vielleicht eine alte Frau aus einem anderen Jahrhundert, ein junger Mann aus einer völlig anderen Kultur, ein Verwandter, den du bislang nur von den Erzählungen deiner Großeltern kennst … Wer auch immer es ist, begrüße diesen Ahnen freundlich und frage ihn, ob er die gesuchte Person ist. Nun könnt ihr ins Gespräch kommen. Lass ihn erzählen, wer er ist und warum er sich bereit erklärt hat, für dich als spirituelle Ahnenkraft zu fungieren. Stell ihm Fragen und bitte um Anregungen für dein Leben, wenn du das möchtest. Oder vielleicht willst du auch einfach die Schwingung aus der Ära dieses Wesens in dich aufnehmen und ihr sitzt stumm beieinander auf der Bank. Du lässt viele wertvolle Informationen in dich hinein, die dein Leben fortan bereichern können.

Frage diesen spirituellen Ahnen auch, ob und wie du seine Kraft im normalen Leben spüren kannst und wie du dir allgemein dein Ahnenfeld nach und nach erschließen kannst. Vereinbart eine Weise, wie ihr in Kontakt bleiben wollt. Bedanke und verabschiede dich am Ende und spaziere dann wieder von der Lichtung weg durch den Wald und neu hinein mit deinem Bewusstsein in dein alltägliches Umfeld. Mach dir ein paar Notizen, um das Erlebte tiefer zu verarbeiten und nicht so schnell zu vergessen.

DIE BLUME DES MONATS NOVEMBER

Mit der Dahlie tritt eine Heldin in dein Leben. Wie ein Feuerwerk versprüht sie die Farbenpracht ihrer Blütenblätter, und das auch dann noch, wenn die Natur sich langsam anschickt, in die Winterruhe zu gehen. Sie zeigt dir, wie man nach der eigentlichen Hochphase, am Ende eines Zyklus doch noch mit Fülle, mit Lust und Kreativität punkten kann. Sie zeigt dir, dass auch in dir eine **bunte Vielfalt** vorhanden ist, von der du möglicherweise bisher nur die zartesten Anfänge wahrgenommen hast.

Länger als die meisten anderen Blumen hat die Dahlie auf ihren Auftritt gewartet, aber nun überdauert sie mit ihrer Blütenfülle fast alle anderen. Mit ihr kannst auch du erspüren, **wann deine Zeit gekommen ist**, und den weit verästelten Facetten deines Seins vertrauen.

Mit dieser Pflanze kannst du Rückschau halten und die Früchte der vergangenen **Reifungsprozesse** einsammeln. Du weißt, dass du deinen Weg gemacht hast, du weißt, wie viel du auf dich genommen und geleistet hast. Jetzt darfst du ernten und schauen, wie viel Kostbares dein Lebensweg dir bislang beschert hat. Zugleich lehrt dich die Dahlie das Vertrauen darauf, dass du deinen Weg auch in Zukunft immer finden wirst. Sie ist eine Heldin des Alltags, unerschütterlich geht sie ihren Weg, schaut wissbegierig über Zäune und hat ihre Knolle fest in Mutter Erde verankert, sodass sie bei allem Neuen auch verbunden ist mit der Weisheit des Alten.

WAS WAR IM NOVEMBER GUT?

Novemberblues? Von wegen! Mach dir die Freude und schau auf das, was gut läuft, was dich erfüllt und dankbar macht. Hier auf dieser Seite ist Raum für deine Erinnerungen: Was hat dich im November gefreut? Was entwickelte sich auf allerbeste Weise? Was hat dich berührt, dankbar gemacht? Was kam besser als erwartet?

WINTER

ZEIT DER STILLE

Die Natur ist in unseren Breiten im Winter sehr still. Kahle Bäume prägen die Landschaft, die Farbpallette ist reduziert auf unterschiedliche Grau- und wenige Blautöne. Ein bisschen Grün spenden noch die dunklen Nadelwälder. Zeitweise sind auch sie vom Schnee bedeckt, der sich wie ein dicker Teppich auf die Welt legt und sie nochmals stiller werden lässt.

Der Winter ist die »Nacht des Jahres«. Die Natur schläft, viele Tiere sind tatsächlich im Winterschlaf. Die Knospen, die Zwiebeln, die Samen – alle warten still an den Bäumen oder in der Erde, bis es wieder heller und wärmer wird. Doch sie warten keinesfalls ungeduldig. Sie geben sich der Phase des Nichtstuns, der Leere hin, in der Regeneration geschieht, in der sich die Kräfte auf das Neue vorbereiten. Ohne diese Zeit könnten sich die Energien nicht erneuern.

Doch genau diese Zeit geben wir uns selbst und der Natur immer weniger. Burnout und verwüstete Landschaften sind die logische Folge. Der Winter scheint die Phase zu sein, die wir im ganzen Kreislauf am stärksten vernachlässigen. Stille, Nichtstun, das sind Fremdwörter für unsere Gesellschaft geworden. Nicht produktiv. Nicht gewinnträchtig. Deswegen versuchen wir sie so weit einzuschränken wie nur möglich. Wir sind blind für die Weisheit, dass erst Tag und Nacht, Hell und Dunkel, Aktivität und Ruhe ein lebensfähiges Ganzes bilden.

Umso wichtiger, dass wir als Einzelne vermehrt auf die Harmonie der Zyklen achten. Denn bei Einzelnen beginnt auch der Wandel, den das Ganze erfahren könnte. Gönn dir also deinen Winter! Gönn ihn dir in jeder Nacht für erholsamen Schlaf und echte Ruhe. Und gönn ihn dir im Jahr, indem du im Winter ein wenig kürzertrittst, besonders bewusst Ruhephasen in den Tag einbaust und der Regenerierung der Kräfte ausreichend Raum gibst. Das nächste Frühjahr kommt bestimmt – und du kannst es umso intensiver leben, je mehr Kraftstoff im Winter in deine Batterien fließen durfte.

IMPULSE AUS DEM MEDITATIONSBILD

Das Eingangsbild zu dieser Jahreszeit öffnet dir die Tür, dich ganz in die Grundschwingung des Winters einzufühlen und mit seinen Qualitäten zu meditieren. Hier auf dieser Seite kannst du festhalten, was dabei in dir an Erkenntnissen oder Ideen aufsteigt. Nutze das Bild, wann immer du im Verlauf des Winters Freude daran hast oder merkst, dass dir Stille und Leere guttun könnten. Auf sie kannst du das ganze Jahr über zurückgreifen.

Rauhnächte – Zeit des Wünschens

Dein Winterritual

Das Kernstück dieses Rituals ist das Feuer zur Wintersonnwende am 21. Dezember. Es ist der kürzeste Tag des Jahres, von da ab werden die Tage – unmerklich zunächst – wieder länger. Viele Menschen machen ein Feuer an diesem Abend – schließe dich ihnen an oder mach dein eigenes Feuer irgendwo draußen, am besten in einer feuerfesten Schale.

Bis zu diesem Datum kannst du sammeln, was du gern verabschieden möchtest: Gewohnheiten, ungünstige Beziehungsmuster, sorgenvolle Gedanken oder auch eine bestimmte Arbeitsstelle oder einen Wohnort. Was auch immer es ist, das du gern loslassen möchtest: Schreib es dir auf, zeichne es vielleicht sogar und nimm diese Blätter mit zum Feuerritual. Auch deine Dankeszettel vom Herbstritual (Seite 86) und eventuell auch deinen Kraftstab vom Sommer (Seite 54) kannst du bereithalten, um sie dem Feuer in Dankbarkeit zur Transformation zu übergeben.

Wenn das Feuer entfacht ist, begrüße es und mit ihm auch die anderen Elemente: Wasser, Erde und Luft. Danke ihnen und danke auch den Jahreszeiten, die dich lebenslang im vertrauensvoll stetigen Wechsel begleiten. Spüre diesem Kreislauf nach. Nimm dann die Zettel mit all dem hervor, was du hier und heute loslassen möchtest. Halte sie in deinen Händen und lass diese Dinge, die nicht mehr zu dir gehören, auch energetisch aus dir heraus in diese Blätter fließen. Wenn du spürst, dass es Zeit ist, übergib die Papiere dem Feuer. Tu es in Dankbarkeit dafür, dass dich diese Dinge begleitet haben, und in dem Wissen, dass es nun an der Zeit ist, sich von ihnen zu verabschieden. Sieh zu, wie das Feuer diese alten Energien verzehrt, und spüre die Erleichterung in deinem Körper.

Sei mit dem Feuer, solange du möchtest. Bedanke und verabschiede dich dann und sorge umsichtig dafür, die Flammen so zu löschen oder ausgehen zu lassen, dass nichts in der Umgebung in Gefahr geraten kann.

Der Winter hat nun erst so richtig begonnen: die Zeit des Nichts und der erwartungsfrohen Stille. Lebe sie ganz bewusst. Lass dieses Nichts, diese Leere auch in dir zu. Spüre zumindest an einem Abend der Woche nach: Du hast alles Alte abgegeben, das Neue aber ist noch nicht da. Verbinde dich mit Mutter Natur und bitte sie, dir zu helfen, dein Vertrauen zu stärken. Sie weiß, dass im Winter eine Menge passiert, ohne dass es sichtbar würde. Sie weiß, dass der neue Frühling ganz sicher kommen wird. Sie weiß, dass sich all die Lücken, die entstanden sind, weil du Dinge losgelassen hast, aufs Beste neu füllen werden, wenn du ihr vertraust. Genieße daher die Zeit des Nicht-Wissens und erlebe dich ganz bewusst als einen Menschen, der den höheren Kräften vertraut – den ganzen Winter lang, bis sich im Frühjahr wie von selbst neue Impulse einstellen, etwas zu tun oder zu planen.

Natürlich sind dies keine starren Zyklen: Wenn deine Impulse bereits Ende Januar kommen – gut. Wenn sie bis Juni brauchen – auch kein Problem. Wenn du erst im September weißt, was zu tun ist – tu es im September. Wir müssen heute eine gesunde Balance finden zwischen den Erfordernissen unseres modernen Lebens und den uralten Zyklen der Natur, in denen wir mindestens genauso tief verwurzelt sind.

WAS TUT DIR IM WINTER GUT?

Der Winter lädt uns zu etwas ein, das wir in unserer Welt oftmals übersehen: Stille. Absolute Ruhe, im Vertrauen darauf, dass der neue Frühling kommen wird. Vielleicht möchtest du dem in diesem Jahr etwas stärker nachgehen als bisher? Was ist es, was du im Winter gern erlebst? Ein Nachmittag in der Sauna? Das tägliche Füttern der Wildvögel? Gemütlich in einem Buch lesen? Oder lange Spaziergänge durch die Kälte? Was möchtest du in diesem Winter gern tun? Was liebst du und willst es bewusst genießen?

WAS WILL ZUR RUHE KOMMEN?

Der Winter kann uns erlauben, einfach mal abzulassen vom unentwegten Tun und Verändern der Dinge. Vielleicht gibt es etwas in dir – ein Projekt, ein Thema, ein Vorhaben – das eine Ruhepause nötig hat. Tief in dir arbeitet es ohnehin weiter. Aber was könnte mal ein wenig Auszeit brauchen? Was könnte ohne Probleme bis zum nächsten Frühling warten, während du regenerierst und im vermeintlichen Nichtstun neue Kräfte sammelst?

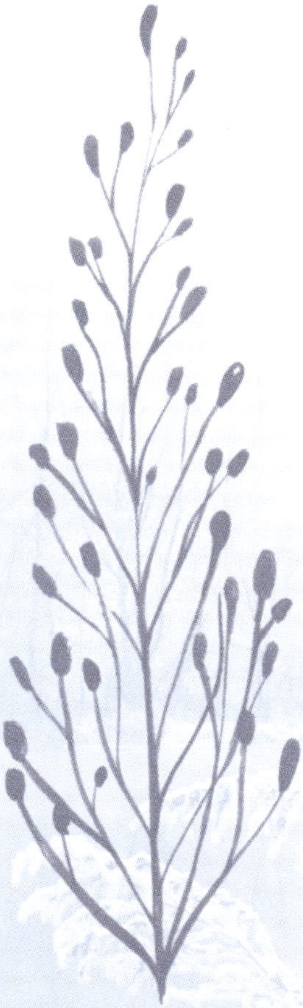

DEZEMBER

Ende – und Anfang. Das Kalenderjahr geht zu Ende. Ein Tiefpunkt des natürlichen Jahres, der zugleich die Geburt des Lichts markiert. Am 21. Dezember läutet der kürzeste aller Tage die Zeit ein, in der das Licht wieder zunimmt.

IMPULSE AUS DEM MEDITATIONSBILD

Herrlich, diese Stimmung! Die der Advents- und Weihnachtszeit und die auf dem Bild auf der vorigen Seite. Vielleicht sind die Sterne uns näher, wenn es so viele Stunden des Tages dunkel ist? Wer weiß. Was bewegt das Bild in dir, wenn du dich auf seinen Zauber einlässt?

Ein Vertrauter unseres Lebens, der Mond. Welche Erlebnisse teilst du mit ihm? Welche Erinnerungen an schöne oder auch schwierige Nächte, getragen von seinem Frieden?

....

Verschneit wiegen sich die Bäume im Wind. Worüber, glaubst du, unterhalten sie sich? Und was würdest du gern einmal mit ihnen besprechen oder sie fragen?

....

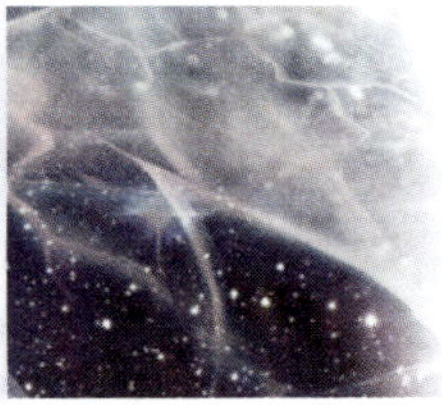

Der Himmel auf Erden! Der zugefrorene See bildet einen Spiegel für die Sterne. Wer oder was holt für dich die Sterne vom Himmel? Was sind deine Sternenmomente?

....

WAS IST DIR JETZT WICHTIG?

Das Jahr geht zu Ende, der Kalender zählt kaum noch Tage. Was bewegt dich? Was ist in deinen Gedanken aktiv, in deinen Gefühlen, in deinen Begegnungen mit anderen? Was gibt es zu notieren, das für dich gerade bedeutsam ist und an das du dich gern später erinnern möchtest?

....

....

....

....

....

....

....

....

....

....

....

Im Dezember liegt die »stille Nacht«, die auch eine »heilige Nacht« ist. Die Nacht der Geburt von Jesus, letztlich die Nacht der Wiedergeburt des Lichts nach langer Zeit der Dunkelheit. Wie alle großen Wunder geschieht es in der Stille – und wir nehmen es in Stille zur Kenntnis: tief erstaunt und stumm, weil uns die Worte fehlen.

Stille, absolute Stille

Stille ist etwas Heiliges. Und dies nicht nur in unserer sehr lauten Zeit, in der sie besonders kostbar geworden ist. Alle alten spirituellen Traditionen betonen die Wichtigkeit der Stille und auch heutige Weisheitslehrer wie Eckhart Tolle oder Thich Nhat Hanh bestätigen ihre Bedeutung. Sie ist dabei nicht einfach nur die Abwesenheit von Geräuschen – vielmehr ist vor allem eine innere Stille gemeint. Und das heißt nichts anderes als die Abwesenheit vom mentalen Lärm, von den Gedanken im Kopf. Wenn dort Ruhe herrscht, dann erscheint uns die Welt still, selbst wenn wir mitten im Trubel einer geschäftigen Stadt sind. Wir nehmen die Dinge und Menschen, die Autos und die Geschäftigkeit wahr, erleben aber zugleich die Stille »dahinter«. Das Formlose, in dem all diese Dinge auftauchen und nach einer Zeit wieder verschwinden. Die zeitlose Dimension des Lebens.

Solche Momente, in denen wir innerlich Stille erleben, obwohl um uns herum Lärm ist, sind für den ungeübten Geist selten – wenn sie passieren, sind sie äußert wohltuend. Je stärker das Bewusstsein für diese Möglichkeit wird, umso leichter kann sie sich einstellen. Die äußere Stille – zum Beispiel an einem Sonntagmorgen, wenn alles noch schläft – kann uns natürlich sehr gut in die innere Stille hineinhelfen. Dann lauschen wir in die Welt hinaus – und hören so gut wie nichts. Wenn wir beim Lauschen bleiben und nicht beginnen, uns mit Gedanken oder irgendeinem Tun abzulenken, dann tauchen wir tiefer in diese Ruhe ein. Wir lassen zu, dass sie uns ganz erfüllt. Dass sie uns weitet und zugleich zentriert. Dass sie uns Energie gibt. Dass sie uns – irgendwie, wir wissen es nicht – zum Wesentlichen bringt.

Was es so magisch macht, ist: Wir verbinden uns in bewusst erlebter Stille mit der tieferen Quelle des Lebens. Mit dem Ursprung des Seins. Es ist sehr stärkend für Körper und Geist, darin zu verweilen. Eckhart Tolle beschreibt außerdem, dass wirkliches Gelingen und wahre Kreativität – egal ob im Sport, beim Schreiben, Malen oder in der Wissenschaft – aus dieser tieferen Quelle kommt, die nichts Persönliches ist. Wer vor einem entscheidenden Wurf im Sport, vor dem Antworten auf eine Frage, vor dem Schreiben einer Mail oder einer Buchseite innehält und sich für ein paar Sekunden mit der Stille im Inneren verbindet, wird ganz andere Ergebnisse hervorbringen. Sie kommen nicht einfach aus dem Willen oder dem Kopf. Sie kommen aus einer Tiefe, in der uns die Kraft und das Wissen des Lebens selbst zur Verfügung zu stehen scheinen.

Um sich einen verlässlichen Zugang zu dieser Stille zu erschließen, kann es hilfreich sein, sich für eine Zeit an Orte zu begeben, die diese Qualität seit Langem kultivieren. Das können Klöster sein, aber auch Schweige- oder Yogahäuser, die achtsam geführt werden. Sei dort für ein paar Tage zu Gast, wenn du vertrauter mit der Stille werden möchtest. Du kannst dich aber auch zu Hause einmal täglich hinsetzen, um innerlich zur Ruhe zu kommen. Entzünde eine Kerze und gönn dir eine gewisse Zeit für dich. Suche die Stille. Spüre sie. Erlausche sie. Atme sie ein und spüre sie nach und nach auch in dir selbst. Eine solche Praxis kann das Bewusstsein für die Stille tief in dir verankern, bis sie irgendwann zu deiner zweiten Natur geworden ist. Sei dir sicher: Dein ganzes Wesen, dein Körper, dein Gehirn, deine Psyche und auch deine Arbeit und deine Beziehungen werden davon profitieren. Auf diese geheimnisvolle Weise, die sich letztlich nur erspüren und dankbar genießen lässt.

DIE BLUME DES MONATS DEZEMBER

Wenn die Christrose in dein Leben kommt, kannst du dich zurücklehnen und entspannen. Es gibt keinen Grund zu Druck oder Eile, denn mit ihr hast du eine große **Kraft des Durchhaltens** an deiner Seite. Klein, aber strahlend trotzt sie der eisigen Kälte des Winters. Nichts kann damit auch dir etwas anhaben, wenn der kleine Stern der Weihnachtszeit für dich leuchtet und dir deinen Weg erhellt. Keine Unannehmlichkeiten werden dich von deinen Vorhaben abbringen, du wirst zuversichtlich weitergehen. Wenn du dir etwas vorgenommen hast, wird es dir mit ihrer Kraft auf beste Weise gelingen.

Trotz ihrer Zartheit ist die Christrose sehr robust. Damit ermutigt sie dich, darauf zu vertrauen, dass auch du allen Herausforderungen gewachsen bist. Als Schneerose ist sie eine Pflanze, die in der Zeit der tiefsten Dunkelheit blüht, in der Zeit, in der die Sonne sich nur wenig zeigt. Es ist, als würde sie das wenige Licht einfangen und mit ihren weißen Blütenblättern aus sich heraus noch verstärken. So ist sie eine **Lichtbringerin**, wenn sich durch die Dunkelheit und die Rauhnächte die Energien auf der Erde wandeln. Immer in den dunklen Momenten kann sie dir das Licht schenken, das nie verloren geht. So findest auch du deinen Weg, egal wo du bist und was um dich herum geschieht. Diese Kraftblume macht dich **unerschütterlich**. Und sie stärkt dich in deinem Herzen, das in der Finsternis auch anderen dabei helfen will, ihr Licht wiederzufinden.

WAS WAR IM DEZEMBER GUT?

Ob es Tun oder Ruhen ist, Schenken oder Beschenkt-Werden, Sinnengenuss oder Geistesblitz – die erfüllten und erfüllenden Momente können so vielfältig sein, dass ein Leben nicht ausreicht, sie alle zu erfahren. Was war es im Dezember, das dich erfüllte? Das dich dankbar, glücklich und strahlend machte? Hier ist Platz, es zu notieren.

SPECIAL: RAUHNÄCHTE

Die Zeit zwischen den Jahren. Zwölf Tage und Nächte, die aus dem Kalender gefallen zu sein scheinen. Vom 25. Dezember bis zum 6. Januar dauern sie an, die geheimnisvollen heiligen Nächte, in denen die Tore zu den Anderswelten weit offen stehen.

DIE ZEIT ZWISCHEN DEN JAHREN

Rauhnächte, das klingt geheimnisvoll und das ist es auch. Es sind zwölf Tage und Nächte zwischen dem Heiligen Abend am 24. Dezember und dem Drei-Könige-Feiertag am 6. Januar. Es ist die dunkelste Zeit des Jahres und draußen in der Natur kann jetzt allerlei Unheimliches geschehen. In der Vorstellung unserer Vorfahren scheuchte die Wilde Jagd verlorene Seelen über die Lande und durch die Dörfer und allerlei Geister trieben ihr Unwesen. Also blieb man lieber am warmen Ofen sitzen, ruhte sich von den Mühen des Jahres aus und lauschte den Märchen und teilweise grusligen Geschichten, die die Alten zu erzählen wussten. Die Uhren schienen stehen geblieben zu sein in diesen rauen Nächten.

Genau das ist es, was wir heute so gut nutzen – und auch brauchen – können: eine Zeit, in der die Uhren angehalten scheinen. Irgendetwas ist ja bis heute anders in dieser Zeit. Insbesondere an den Weihnachtstagen liegt so ein Zauber über der Welt, ein Wohlwollen, ein Gefühl der Verbundenheit. In den Tagen zwischen den Jahren ist es in vielen sonst stressigen Branchen möglich, sich ohne schlechtes Gewissen in den Urlaub zu begeben und wirklich mal abzuschalten.

Was macht sie so besonders?

Warum ranken sich so viele Bräuche und Geschichten um diese Tage? Die Rauhnächte markieren einen Spalt in der Zeit, eine Lücke im normalen Lauf des Kalenders. Sie entstand, als man vom Mondkalender abkam und sich an der Sonne auszurichten begann. Ein Mondjahr dauert etwa 354 Tage, ein Sonnenjahr aber elf Tage beziehungsweise zwölf Nächte länger, nämlich 365. Um beide auszugleichen, hing man an das Mondjahr also die fehlenden Tage als eine Besonderheit an – als Rauhnächte. Beide Kräfte, Sonne und Mond, deren Wirkung auf den Menschen höchst unterschiedlich ist, werden mit dieser Zeit »zwischen den Jahren« ausgeglichen. Auch aus dieser Sicht wird deutlich, warum es eine Phase erhöhter Spannung und gleichzeitig vertiefter Einsichten ist.

Die Zeit ist jetzt im wahrsten Sinne des Wortes aus den Fugen. Die Himmel öffnen sich, die Tore zu den Anderswelten werden weit und lassen die vielfältigsten Wesen und Gestalten zur Erde strömen, mitten unter die Menschen. Dort wimmelt es dann für zwölf Tage und vor allem Nächte nur so von Geistern, Gespenstern, Tierwesen, aufgescheuchten verlorenen Seelen, aber auch Göttern und uns wohlgesonnenen Kräften. Mit ihnen allen umzugehen, das ist wohl die Herausforderung und zugleich der Segen dieser Zeit.

Vorbereitung auf das Neue

Eine weitere Besonderheit der Rauhnächte ist es, dass jede von ihnen einem Monat des kommenden Jahres entspricht. Die erste Rauhnacht dem Januar, die zweite dem Februar, die dritte dem März und so weiter. In der Tradition geht man davon aus, dass sich beispielsweise das Wetter während dieser Tage so zeigt, wie es dann im entsprechenden Monat auch sein wird: windig oder ruhig, kalt oder mild, sonnig oder grau. Und auch die Ereignisse, die in der Zeit »zwischen den Jahren« passieren, können schon etwas für das neue Jahr aussagen. Wir können daher zu bestimmten Themen in diesen außergewöhnlichen Tagen und Nächten schon einmal »vorarbeiten«, um es im kommenden Jahr leichter damit zu haben. Da wir in den zwölf rauen Nächten bereits einmal symbolhaft durch den Kreis des neuen Jahres wandern, können wir dieses nächste Jahr damit ganz bewusst vorbereiten. Unterstützende Kräfte, die wir bereits während der Rauhnächte verinnerlichen, bleiben dann auch während des Jahres an unserer Seite.

Natürlich lässt sich noch viel mehr von den Rauhnächten berichten. Deswegen haben wir bereits drei Bücher zu ihnen geschrieben – voll mit traditionellem Wissen und vor allem mit Anregungen, diese besondere Zeit bestmöglich für die heutige Zeit zu nutzen. Hier nur ein paar der Klassiker:

Zeit des Räucherns und Orakelns

Bei den vielen umherziehenden Geistern, Seelen und andersweltlichen Wesen ist es kein Wunder, dass sich das Räuchern in den Häusern und Ställen als ein wesentlicher Brauch der Rauhnächte bis heute erhalten hat. Der Rauch der Kräuter oder Harze, wie beispielsweise Weihrauch, reinigt die Räume und treibt all die Kräfte hinaus, die dort nichts zu suchen haben. Insbesondere am 6. Januar, dem Tag der Heiligen Drei Könige und dem Abschluss der Rauhnächte ist das Tradition.

Ein anderer wichtiger Eckpunkt der Rauhnächte ist das Orakeln. Die heiligen Nächte gelten seit alters her als günstig für Befragungen zur Zukunft. Wenn sich die Tore zur Anderswelt öffnen, haben wir einen leichteren Zugang zu all den Kräften, die uns wohlwollend und liebevoll unterstützen, wenn wir uns um den Kontakt bemühen. So verwundert es nicht, dass die Rauhnächte bis heute von sehr vielen Menschen als ideale Zeit angesehen werden, sich über wesentliche Fragen des Lebens per Orakel Klarheit zu verschaffen.

Beim Orakeln geht es natürlich nicht darum, die Zukunft als festgelegtes Schicksal bereits im Voraus kennenzulernen. Vielmehr kann es zu Orientierung, Freude und auch Dankbarkeit führen, wenn man bestimmte Tendenzen, anstehende Themen und Lernaufgaben erspürt und sich somit bereits darauf vorbereiten kann. Orakel helfen auch, die eigenen Absichten und Wünsche zu klären. Man könnte sie auch als die Sprache unseres Höheren

Selbst bezeichnen. Sie erweitern unsere notwendigerweise beschränkte Sicht auf die Dinge um eine höhere Dimension.

Ob wir alte Bräuche nutzen, wie sie zur Rauhnächtezeit gehören, oder nicht – es ist auf jeden Fall eine Gelegenheit, aus dem Gewohnten herauszukommen. Die Rauhnächte bieten uns die Chance auf ein paar Tage, an denen wir stehen bleiben, innehalten und unser Leben neu betrachten können. In der dunkelsten Zeit des Jahres können wir uns zeitweise auf uns selbst zurückziehen und den verborgenen Stimmen in unserem Inneren lauschen. Vor allem aber können wir im Nichtstun und im Genuss mit der Familie und Freunden regenerieren – denn das neue Jahr mit neuen Herausforderungen kommt bestimmt.

Das Miniritual für stark Eingespannte

Nicht jeder hat die Zeit, die Rauhnächte ausführlich und mit all den gegebenen Möglichkeiten zu gestalten. Doch besser, als ihre besondere Qualität gar nicht zu nutzen, ist es, sich täglich ganz kurz dafür Zeit zu nehmen. Daher erinnern wir hier noch einmal das Miniritual, das wir bereits im Buch »Vom Zauber der Rauhnächte« vorgestellt haben. Nicht auf die Zeitdauer kommt es an, sondern auf die Achtsamkeit und Wachheit während eines noch so kleinen Rituals:

Zünde täglich ein Kerzenlicht an, setz dich davor und betrachte es. Atme zwölf Mal tief und ruhig ein und aus und zähle dabei in Gedanken die zwölf Monate mit, ein Atemzug für jeden Monat. Du weißt ja, jede Rauhnacht steht für einen Monat des kommenden Jahres. Nach dem Dezember schließt du für ein oder zwei Minuten die Augen und spürst in dich hinein, während du ganz normal weiteratmest.

Blicke dann wieder auf die Kerze und zähle atmend erneut die Monate bis zu dem, der der heutigen Rauhnacht entspricht. Spüre, wie sich das Licht außen in deinem Inneren spiegelt, nimm das Licht deines Lebens in deinem Brustkorb, in deinem Herzen wahr.

Behalte den Fokus dort, wenn du das kleine Ritual jetzt beendest und die Kerze vor dir auspustest.

DEINE HEILIGEN NÄCHTE

Jede Rauhnacht entspricht einem Monat des kommenden Jahres – und was in diesen Tagen und Nächten erlebt wird, lässt bereits erkennen, was im entsprechenden Monat des kommenden Jahres Thema sein könnte. Hier hast du Raum, das Wesentliche deiner einzelnen Rauhnächte zu notieren. Es kann spannend sein, übers Jahr dann wieder hier nachzulesen, zu erinnern und zu vergleichen.

1. Rauhnacht, 25. 12.
Januar ....

....

2. Rauhnacht, 26. 12.
Februar ....

....

3. Rauhnacht, 27. 12.
März ....

....

4. Rauhnacht, 28. 12.
April ....

....

5. Rauhnacht, 29. 12.
Mai ....

....

6. Rauhnacht, 30. 12.
Juni ....

....

7. Rauhnacht, 31. 12.
Juli ....

....

8. Rauhnacht, 1. 1.
August ....

....

9. Rauhnacht, 2. 1.
September ....

....

10. Rauhnacht, 3. 1.
Oktober ....

....

11. Rauhnacht, 4. 1.
November ....

....

12. Rauhnacht, 5. 1.
Dezember ....

....

JANUAR

Raum der Möglichkeiten. Klirrend kalt zeigt sich die Welt. Wie die schneebedeckte Landschaft, so liegt auch das neue Kalenderjahr weiß und unbeschrieben vor uns. In der Natur ist es still.

IMPULSE AUS DEM MEDITATIONSBILD

Ist es nicht erstaunlich, dass ein und dieselbe Landschaft im Sommer vollkommen anders wirkt als im Winter? Ob im Stadtpark, am See oder in den Bergen. Wie geht es dir im Januar, wenn das Jahr beginnt und – zumindest zeitweise – der Schnee die Welt verhüllt und weiß bedeckt? Was ruft das Bild auf der vorhergehenden Seite in dir hervor?

Die Sonne ist da, und sei es noch so kurz. Wie erlebst du ihr Strahlen in der kalten Jahreszeit? Wie sehr achtest du Dinge, die nicht dauernd zur Verfügung stehen?

....

Eis und Schnee umhüllen die Pflanzenwelt in bizarren Formen. Kennst du das aus deinem Leben, dass etwas eine Zeit lang verborgen ist, weil es noch Schutz braucht?

....

Siehst du diesen Weg durch den Wald? Nur schemenhaft ist er zu erkennen – vielleicht genauso wie der Weg, der für dieses neue Jahr vor dir liegt? Wie klar kannst du den schon sehen?

....

WAS IST DIR JETZT WICHTIG?

Schon sind wir in einem neuen Jahr, das sich wie ein großer unentdeckter Raum vor uns entfaltet. Was ist für dich momentan wesentlich, wenn du auf diesen Raum schaust? Was bewegt dich in diesem Januar? Was möchtest du jetzt festhalten, um es später im Jahr noch einmal zu betrachten, wenn die Dinge sich weiterbewegt haben werden?

In einer recht trockenen Zeit verloren die Menschen in einem Dorf nach und nach ihre Ausgeglichenheit. Es herrschte bald eine Stimmung von Zwietracht und Ärger, die das Leben stark beeinträchtigte. Irgendwann war aus der Trockenheit eine Dürre geworden. Eines Tages holte man einen Schamanen, der für Regen sorgen sollte. Er bat darum, eine kleine Hütte am Dorfrand zur Verfügung gestellt zu bekommen und täglich etwas zu essen. Man gewährte ihm das – und er verschwand in seiner Hütte. Es blieb still – und trocken. Tagelang. Der Schamane schien nichts zu unternehmen. Er saß in seiner Hütte, manchmal auch davor. Still. Nichts weiter.

Nach vierzehn Tagen schließlich fing es an zu regnen. Es regnete einen ganzen Tag lang – genauso viel, wie die Felder brauchten. Die Leute im Dorf feierten den Schamanen und fragten ihn, was er denn getan habe. Er antwortete: »Ich habe nur das gemacht, was ihr lange Zeit vergessen hattet. Ich habe für Harmonie gesorgt, indem ich selbst ruhig wurde, in der Stille verweilte und mich ganz um mein Gleichgewicht kümmerte. So konnte auch die Natur wieder ins Gleichgewicht kommen.«

Stilles Wirken

Das stille, nach innen gerichtete Sein wirkt durchaus nach außen, wie dieses Beispiel des Schamanen zeigt. Und es macht Schule. Immer mehr Menschen heute haben den Wunsch, etwas für die Welt zu tun – irgendetwas Sinnvolles, das dem Ganzen, der Umwelt, den Tieren, den Kindern zugutekommt und die Zukunft sichert. Während auf diese Weise immer mehr kleine und große, regionale und weltweite Aktionen ins Leben gerufen werden, wächst auch die Zahl derer, die ihr Wirken für die Welt in Stille entfalten: über gemeinsame Meditationen, inneres Aufarbeiten alter kollektiver Verletzungen, das Knüpfen von Netzen der Liebe und des Friedens. Sie tun dies in dem Wissen um die Felder, die ihre Wirksamkeit entfalten, wenn sie groß und »dicht« genug geworden sind (siehe Seite 70).

Beispiele für Initiativen dieser Art sind die öffentlichen Meditationen, wie es sie regelmäßig unter anderem in München gibt. Hier kommen Menschen an einem vorher ausgeschriebenen Ort zusammen, um für eine Zeit in Stille zu meditieren – mitten zwischen Passanten, mitten in der Stadt. Oder es gibt den Marsch der Frauen, angeführt von Yael Deckelbaum mit ihrem Song: »Prayer of the Mothers«, der zunächst israelische und palästinensische Frauen zusammenbringen wollte und mittlerweile eine Friedens- und Versöhnungsbewegung von Frauen in der ganzen Welt auslöste. Diesen wunderbaren Song übrigens kann man immer zusammen mit andern Frauen singen, um miteinander wieder in Harmonie zu kommen und das Solidarische der Frauen untereinander zu stärken.

Als Vera vor einiger Zeit die »Ahninnen der Zukunft« ins Leben rief, tat sie dies ebenfalls mit dem Wunsch, auf stille, nachhaltige Weise etwas für die kommenden Generationen zu erwirken. Getreu dem Ausspruch der Hopi-Indianer: »Wir sind diejenigen, auf die wir gewartet haben.«

DIE BLUME DES MONATS JANUAR

Wenn das Gänseblümchen deine Begleiterin ist, hast du das große Glück, nicht nur in diesem Monat, sondern **das ganze Jahr hindurch** unterstützt zu sein. Wie fast keine Pflanze in unseren Breiten blüht es immer und an den vielfältigsten Orten. In der Natur und selbst in den Städten findet man es überall. Es findet allerorten seinen Weg in die Sichtbarkeit. So steht dir seine Leuchtkraft stetig zur Seite. Wann immer du seine Unterstützung brauchst, wirst du sie unmittelbar bei dir spüren. Das Gänseblümchen schenkt dir dabei insbesondere das Wissen, dass du die Kraft hast, dich schnell und augenblicklich zurechtzufinden.

Du hast in diesem Blümchen eine Hilfe, die dich mit **Ausdauer und Zähigkeit** verbindet, denn es trotzt jeder Unwirtlichkeit. Nur wenige Sonnenstrahlen reichen aus, um es zum Strahlen zu bringen. Solltest du einmal traurig sein, dann vertraue dieser Begleiterin, denn sie hat die Gabe, ihr Köpfchen immer der Sonne zuzuwenden. So wird sie dir auch in schweren Zeiten beistehen und dich mit dem Licht verbinden. Einer ihrer vielen Namen ist nicht von ungefähr Sonnenblümchen.

Das Gänseblümchen beschenkt dich mit seiner **Bescheidenheit.** Ohne große Ansprüche freut es sich an dem, was ist – und alle anderen freuen sich an ihm. Kinder winden sich Kränze, Erwachsene wissen um seine heilsamen Qualitäten und so manchen Älteren erinnert es an frühere schöne Erlebnisse, denn diese Kraftpflanze ist eine Begleiterin fürs ganze Leben.

WAS WAR IM JANUAR GUT?

Wie hat dein Jahr begonnen? Was hat dir den Start versüßt? Was hat dich positiv überrascht, an anderen, in der Welt, vielleicht sogar an dir selbst? Notiere dir hier, was dich im Januar freudig gestimmt hat. Und was dir so richtig Lust auf dieses junge Jahr macht.

....

....

....

....

....

....

....

....

....

....

....

FEBRUAR

Zartes Erwachen. Sobald die Schneedecke dünner und der Boden weicher wird, wagen sie sich hervor: die ersten Boten des nahenden Frühlings. Unbemerkt, im Schoß der Erde, haben sie sich vorbereitet und beenden nun als Erste ihren langen Winterschlaf.

IMPULSE AUS DEM MEDITATIONSBILD

Etwas unentschieden wirkt die Natur in dieser Zeit. Sollen noch mal Schnee und Eis kommen? Oder doch schon die ersten Frühlingsboten? Was spürst du in dir, wenn sich diese beiden Welten begegnen? Und was stupst das Bild auf Seite 146 in dir an?

Eine kleine Lichtung im Wald. Wozu lädt sie dich ein? Zum Rasten und Regenerieren? Zum Lauschen auf die Stimmen der Natur? Zum Gespräch mit einem Baum?

....

Munter sucht das Eichhörnchen seine Wintervorräte hervor. Was sind die inneren Vorräte – die Erinnerungen und Fertigkeiten –, von denen du zehren könntest?

....

Früh wagen sie sich hervor, die Schneeglöckchen als erste Frühlingsboten der Natur. Wo gehörst du zu den Ersten? Wo hast du den Mut, dich hervorzutun?

....

WAS IST DIR JETZT WICHTIG?

Der letzte Monat des natürlichen Jahres und auch dieses Buches. Vielleicht hast du deine Freude daran entdeckt, dich selbst mit Notizen zu deinem Befinden durch die Zeit zu begleiten. Dann führe es fort, einfach in einem Tagebuch oder du nutzt das Buch erneut. Diese Seite wartet derweil noch auf deine Einträge: Was bewegt dich im Februar? Womit bist du befasst, im Alltag und vor allem in deinem Inneren?

ZWISCHENWELTENWISSEN

Februar, das ist der Monat von Fastnacht und Karneval, die aus frühen Fruchtbarkeitsritualen entstanden sind. Masken, Larven, ungezügelte Lust und Lebensfreude sollten die Dunkelheit des Winters und die bösen Geister vertreiben, die Fruchtbarkeits- und Vegetationsgötter wieder aufwecken und die Knospen und Blüten, die Pflanzen und Tiere neu hervorlocken.

Der heilige Narr

Heute feiern wir Karneval und Fasching, um uns in andere Rollen zu begeben. Wir alle spielen nämlich unsere Rollen im Leben, zu denen oftmals auch die richtige »Maskierung« gehört, das passende Outfit. Oftmals trauen wir uns nicht, diese Rollen zu verlassen, auch wenn sie sich vielleicht gar nicht mehr gut und passend anfühlen. Der Karneval erinnert uns daran, dass wir auch ganz andere Seiten in uns haben als die, die wir üblicherweise ausleben. Er weckt den Mut in uns, auch mal komplett andere Facetten von uns zu zeigen, die uns dann erst wieder vollständig sein lassen.

Natürlich gehört der Clown, der Narr zu Karneval und Fastnacht – und er geht letztlich zurück auf den »heiligen Narren«. Diese Gestalt tanzt seit Jahrtausenden zwischen allen Stühlen, hält sich an keinerlei Regeln und hält den Menschen damit einen Spiegel vor. Sie ist frei von jeglicher Anpassung, fällt damit aus dem Rahmen des Üblichen und aus der Gesellschaft heraus. Bei den Indianern kennt man den Heyoka, von dem man zum Beispiel erzählt, dass er verkehrt herum auf dem Pferd reitet – ein Ausdruck seiner Andersartigkeit. Ein solcher heiliger Narr wird auch Trickster genannt, er kann auf sehr charmante Weise eine Wahrheit ausdrücken, die das Gegenüber nicht beschämt – genauso machte es auch der Hofnarr, der nie bestraft wurde, wenn er ungemütliche Wahrheiten äußerte. Mit viel Humor bringt so ein Trickster vordergründige Gewissheiten ins Wanken, sodass sich bei den Menschen eine neue Sichtweise daraus ergeben kann. Er macht keine Tricks im Sinne einer Manipulation, sondern wirkt durch sein großes Herz. Sein Schmunzeln und das Zwinkern seiner Augen lassen die Menschen spüren, dass sie ihre »Wahrheiten« nicht so furchtbar ernst nehmen müssen. Denn wir alle sind Teil eines kosmischen Spiels. Immer nämlich ist der Narr ganz und gar mit dem Kosmischen verbunden, mit dem größeren Ganzen. So gelingen ihm die unglaublichsten Dinge, das Universum scheint ihm immer wohlgesonnen – denn es hält sich zwar an höhere Gesetzmäßigkeiten, aber nie an die doch oftmals kleinlichen Regeln, die sich die Gesellschaft ausdenkt.

Damit macht der Narr Menschen Mut, die Angst haben, zu sehr aus der Reihe zu tanzen und sich unbeliebt zu machen, wenn sie aus ihrem Herzen leben und zu ihrer Wahrheit stehen. Gerade viele, die sich der Spiritualität öffnen, Menschen, die an die Möglichkeit eines friedvollen Miteinanders glauben und dafür einzustehen beginnen, haben oftmals Angst davor, als »nicht mehr normal« zu gelten. Doch was heißt eigentlich »normal«? Und was heißt »verrückt«? Ist verrückt nicht einfach nur anders, besonders, in jedem Fall individuell? Und wenn sich jemand am großen Ganzen ausrichtet, rückt er sein Leben dann nicht wieder in eine gesunde Bahn?

DIE BLUME DES MONATS FEBRUAR

Mit dem Krokus als Begleitung weißt du, dass dir viel gelingen kann. Mit ihm schaffst du den Durchbruch, denn er hat die Kraft, sich durch den noch halb gefrorenen Boden nach oben zu schieben und seine Blüten als die ersten Frühlingsfarben zu entfalten. In ihm liegt die **Kraft der Erneuerung**, die machtvolle Inspiration, deinen innersten Impulsen zu folgen. So bist du mit dem Krokus auch verbunden mit der Kraft des Aufbruchs, die dir bei deiner Suche nach neuen Wegen hilft. Schon das wenige Licht der Februarsonne hat ihm gereicht, um aus dem Dunkel herauszukommen und sich umzuschauen. Es ist, als wäre der Krokus von Wissensdurst und Neugierde getragen, und so gibt er dir die Kraft, unerschrocken nach draußen zu schauen und Neues, noch Ungeahntes zu wagen. Vertraue darauf, mit der Kraft des Krokus mutig voranzugehen.

Auch ein weiterer Kälteeinbruch kann dieser Blume nicht viel anhaben, sie bleibt einfach stehen und schließt nur ein wenig ihren Kelch. Sollte noch einmal Schnee fallen, trotzt sie auch diesem, das macht sie zu einer echten **Überlebenskünstlerin.** Mit ihr als Begleiterin kannst du dich in Gebiete wagen, die dich seit Langem locken. Du kannst dich fragen, welche Herausforderungen du annehmen möchtest und wohin dich deine wahre Sehnsucht zieht.

Sie verspricht noch in der Kälte, dass der Winter vorbeigehen, dass das Leben neu erblühen wird. So schenkt sie dir das **Vertrauen in den Wandel**, der unverbrüchlich zum Leben gehört, zu deinem wie zu dem von uns allen.

WAS WAR IM FEBRUAR GUT?

Eine ganz wesentliche Erkenntnis aus der Glücksforschung sagt: Wenn wir selbst glücklich sind, stecken wir unser Umfeld damit an. Von Egoismus also keine Spur! Sorgen wir also dafür, dass es uns so gut wie möglich geht – im Sinne unseres Herzens, das sein Glück nie auf Kosten anderer gestalten würde. Der Fokus zählt! Was war im Februar für dich schön, erfüllend, besonders, einfach gut?

DIE HARMONIE DES GANZEN

Vier Teile bilden das Ganze. Vier Phasen machen das Jahr rund und sie wirken auf unser gesamtes Leben ein. Gehen wir mit ihren Qualitäten, dann sind wir im natürlichen Rhythmus und Teil ihrer uralten Kraft und Weisheit. Hast du dies ein wenig nacherleben können auf deiner Reise durch die letzten zwölf Monate und durch dieses Buch? Wenn du über diese Zeit nachsinnst: Was sind die wesentlichen Erfahrungen oder Erkenntnisse, die dir zuteilwurden? Was sind die wesentlichen Schritte, die du auf deinem Weg gehen durftest? Hier hast du noch einmal Raum für deine Notizen.

DEIN DANK

In welchem Monat auch immer du dieses Buch begonnen hast und es nun beendest: Ein schöner Abschluss dieses Kreises ist ein Dankesritual. Notiere dir hier in einem ruhigen und besinnlichen Moment deine persönlichen Dankesworte an die einzelnen Jahreszeiten. Wenn du möchtest, kannst du sie als ein Gebet an die Kräfte der Jahreszeiten richten, wann immer du dich mit ihnen verbinden willst.

Ich danke dem Frühling für ...

....

....

Ich danke dem Sommer für ...

....

....

Ich danke dem Herbst für ...

....

....

Ich danke dem Winter für ...

....

....

ALLES LIEBE FÜR DICH!

Unsere gemeinsame Reise durch ein Jahr geht nun zu Ende. Wir hoffen sehr, dass wir dich gut begleiten konnten, dass du dich gut aufgehoben und zugleich frei fühlen konntest. Dass es ein reiches, wertvolles, schönes Jahr für dich war – ganz gleich, ob die Dinge so liefen, wie du es wolltest, oder ganz anders. Vielleicht hat dir die intensivere Beschäftigung mit den unterschiedlichen Qualitäten der Jahreszeiten auch ein neues Bild von Hell und Dunkel gegeben und das tiefere Wissen, dass beides gleichermaßen zum Leben gehört. So wie sich auch die Tages- und die Nachtstunden eines Jahres die Waage halten und beide ihren unerlässlichen Beitrag zum Ganzen leisten.

Aber wir hoffen nicht nur, dass wir dich gut durch dieses Jahr begleiten konnten, wir hoffen auch, dass deine Fähigkeit stärker geworden ist, dich selbst gut durch dein Leben zu begleiten. Dir in hellen und in dunklen Momenten liebevoll und zuverlässig beizustehen. Auf einem solchen Weg kann das Kostbarste in dir wachsen: Lebensweisheit und Lebensliebe.

DIE AUTORINNEN

Vera Griebert-Schröder ist seit fast 30 Jahren als Heilpraktikerin und Therapeutin in München in eigener Praxis selbstständig tätig. In ihrer Arbeit fließen die Erfahrungen ihrer Ausbildungen bei Schamanen verschiedener Kulturen und die transpersonale Psychologie harmonisch zusammen. Mit ihrer Tätigkeit möchte sie einen Beitrag für ein erweitertes Bewusstsein leisten und für eine neue Kultur des lebendigen Miteinanders. Sie ist Autorin der Bücher *Schamanische Bewusstseinsreisen, Schamanische Reisen zur Seele* und *Eine Reise zu den Ahnen*. **www.innenwege.de**

Franziska Muri ist Kultur- und Geisteswissenschaftlerin und seit vielen Jahren als Lektorin in der Buchbranche tätig. Beruflich wie privat sind ihre Themen ganzheitliche Heilung und Spiritualität. Zuletzt erschienen von der im bayerischen Alpenvorland lebenden Autorin die Bücher *Alles, was mich glücklich macht* und *21 Gründe, das Alleinsein zu lieben*. **www.franziskamuri.de**

Weitere gemeinsame Veröffentlichungen:

- *Vom Zauber der Rauhnächte*, Irisiana
- *Die Rauhnächte als Quelle der Ruhe und Kraft* (auch als CD), Irisiana
- *Deine Liebe zum Leben. Segensreiche Impulse für die Entfaltung der neuen Erde*, BoD

DIE BILDKÜNSTLERIN

Christina von Puttkamer, Grafikerin, beschäftigt sich ihr Leben lang schon mit Spiritualität und Kunst, wichtigen Ankerpunkten ihres Daseins. Beide sind bei ihr im Grunde ein tiefes und beharrliches Lauschen auf die Natur, die das Innere wie das Äußere durchströmt. Ihre Bilder sind für sie ein Medium, dieses Erleben sichtbar zu machen. **www.innergardens.de**

IMPRESSUM

Bildcredits: Alle Abbildungen © Christina von Puttkamer (CvP) unter Verwendung folgender Bildmotive: **Cover** siehe Seiten 18-19, 50-51, 82-83 und 114-115; **S.3** Landschaft: iStock/JerimiasQuadil, Eisvogel: pixabay/Momentmal, Herzstein, Lichteffekte: CvP; **S.4** Schmetterlinge: pixabay/Gellinger, alles andere: CvP; **S.8** Landschaft mit Steinen: iStock/Wassilly, Lichteffekte: CvP; **S.18-19** Vordergrund: pixabay/Larisa_K, alles andere: CvP; **S.22** Bank: pixabay/manfredrichter, alles andere CvP; **S.26** Hintergrund: shutterstock/nunek_54, Weidenkätzchen: pixabay/zauberin, alles andere: CvP; **S.31** Landschaft mit Frau: iStock/auctorb, Effekte: CvP; **S.32:** Märzenbecher: flickr/maja dumat, Hintergrund CvP; **S.34:** Vordergrund pxb/finmiki, alles andere CvP; **S.40** Veilchen: pixabay/loggawiggler, Hintergrund CvP; **S.42** alles CvP; **S.46** alles CvP; **S.48** Mohn: pixabay/TanteTati, Hintergrund CvP; **S.50-51** Libelle: shutterstock/night_cat, alles andere: CvP; **S.54:** Hintergrund: CvP, Stock: iStock/Tntk, Federn pixabay/zauberin; **S.58** Hintergrund: Prasuna, Kormoran: pixabay/Gellinger; **S.63** Himmel: iStock, jankovoy, alles andere CvP; **S.64** Pfingstrose: pixabay/kaz, Hintergrund CvP; **S.66:** Totem: iStock/undefined undefined, Landschaft: pixabay/bones64, alles andere: CvP; **S.72** Wildrose: pixabay/regenwolke0, Hintergrund CvP; **S. 74** Hintergrund pixabay/Kordi_vahle, Baum fotolia/benni98, Gesicht: Curriculum_Photografia; Möwen: pixabay/Alexas_Fotos, Lichteffekte: CvP; **S.79** Baum: iStock/SonerCdem, Baumgeist-Skulptur: Guntram Prochaska, Foto Baumgeist: CvP; **S.80** Vergissmeinnicht: pixabay/Hans, Hintergrund CvP; **S.82-83** Hintergrund: Johannes v. Puttkamer, alles andere: CvP; **S.86** alles CvP; **S.90** Hintergrund: iStock/olha rohulya, Kaninchen: fotolia/ninell, alles andere: CvP; **S.96** Enzian: iStock/andhal, Hintergrund CvP; **S.98** Hintergrund: pixabay/alexander84, Pilze: pixabay/557453 matryoshka, Hirsch: Shutterstock/Eric Isselée; **S.103** Netz: Myriams-Fotos, alles andere CvP; **S.104** Margerite: pixabay/antranias, Hintergrund CvP; **S.106** Landschaft: Karl Harich, Rabe pixabay/marisa04, alles andere: CvP; **S.112:** Dahlie pixabay/alexas_Fotos, Hintergrund CvP; **S.114-115** Hintergrund: Johannes v. Puttkamer, Vogel: pxb/pexels, alles andere: CvP; **S.118:** Landschaft mit Feuer: pixabay/1219, Lichteffekte: CvP; **S.122:** Hintergrund: iStock/standret, Hütte: pixabay/strecosa, Sternenhimmel: flickr/Robert Sullivan, Mond: pixabay/Patrice_Audet, alles andere: CvP; **S.128** Christrose: pixabay/couleur, **S.130** Hintergrund: pixabay/Lockenkopf, Eis: pixabay/8moments, Steinbock: iStock/Elenarts, alles andere CvP; **S.134** Eis: pixabay/TL-Pictures; Kerze shutterstock/Vladimir Prusakov; **S.138** Holz mit Schnee: pixabay/Uki_71, Wald: pixabay/sultanghp, Eisglocken: Franziska Muri; **S.143** Landschaft: pixabay/DaveinTucson, Hütte: pixabay/mariamichelle, Schamane: CvP; **S.144** Gänseblümchen: pixabay/4924546, Hintergrund pixabay/ seaq68; **S.146** Landschaft: CvP, Eichhörnchen pixabay/yusuf2323, Schneeglöckchen pixabay/chrisbeez; **S.151** Narr: pixabay/webandi, Menschen: iStock/jokerpro, alles andere CvP; **S.152** Krokus pixabay/shapkasushami, **S.154** alles CvP, **S.157** siehe S.3.

1. Auflage

Neumarkter Straße 28, 81673 München
Layout, Satz, Umschlaggestaltung: Christina von Puttkamer
Bildredaktion: Sabine Kestler
Projektleitung: Sven Beier
Druck und Bindung: Tesinska Tiskarna, Cesky Tesin
Printed in the Czech Republic

ISBN: 978-3-424-15333-0

MIX
Papier aus verantwortungsvollen Quellen
FSC® C005833

Verlagsgruppe Random House FSC® N001967